Werner Stoy / Klaus Haag / Wilfrid Haubeck

Bibelgriechisch leicht gemacht

Lehrbuch des neutestamentlichen Griechisch

Lösungsbuch

BRUNNEN
Verlag GmbH · Giessen

Die THEOLOGISCHE VERLAGSGEMEINSCHAFT (TVG)
ist eine Arbeitsgemeinschaft der Verlage
Brunnen Gießen und R. Brockhaus Wuppertal

Grundlage des Lösungsbuches ist:
Werner Stoy / Klaus Haag / Wilfrid Haubeck
Bibelgriechisch leicht gemacht
Lehrbuch des neutestamentlichen Griechisch
ab 3. Auflage 1993
ISBN 978-3-7655-9312-3

8. Auflage 2016

www.brunnen-verlag.de
Umschlaggestaltung: Ralf Simon
Satz: Typoscript Oliver Roman, Ludwigsburg
Herstellung: Brockhaus, Dillenburg
ISBN 978-3-7655-9318-5

Zum Gebrauch

Wir empfehlen nachdrücklich, zunächst die Übungen des Lehrbuchs (die Teile C–E) ohne Benutzung des Lösungsbuchs auszuarbeiten und erst dann mit den Lösungen zu vergleichen. Denn wenn Sie schon während der Arbeit ins Lösungsbuch „schielen", wirkt sich das Lösungsbuch sogar kontraproduktiv aus: Sie werden verführt, die Lernaufgaben in A und B zu vernachlässigen, werden damit unselbständig und unsicher – und bald „schwimmt" alles.

Wenn Sie als Autodidakt bei der einen oder anderen Form zu anderen Ergebnissen kommen als das Lösungsbuch: Machen Sie sich nichts draus! Vielleicht liegt es daran, daß Sie im Deutschen etwas anders ausdrücken als die Bearbeiter, vor allem in den D-Stücken, besonders bei Originalsätzen aus dem Neuen Testament. Nur wenn es in einer Übung öfter vorkommt, sollten Sie noch einmal Teil B und die Tabellen ansehen. Bei besonders schwierigen Sätzen – meist solchen aus dem Neuen Testament, die sich durch häufigere Fußnoten verraten – kann Ihnen die Benutzung einer Konkordanz zum Griechischen Neuen Testament (z.B. die von Alfred Schmoller) helfen: Dort finden Sie die Stelle des Neuen Testaments wieder, aus der der Satz stammt, und Sie können die Übersetzung aus dem Lösungsbuch mit einer anderen deutschen Übersetzung vergleichen.

Und nun wünschen wir Ihnen noch mehr Freude und Erfolg beim Erlernen des neutestamentlichen Griechisch – entsprechend der Zielsetzung von „Bibel-Griechisch leicht gemacht" (nach Martin Luthers Formulierung): „unseres Gottes Sprache und Worte kennen".

Im August 1993 — Werner Stoy und Klaus Haag

Zur 5. Auflage

In der 5. Auflage des Lösungsbuchs wurden lediglich einige Fehler berichtigt sowie die Änderungen in der 6. Auflage des Lehrbuchs „Bibelgriechisch leicht gemacht" berücksichtigt. Das Lösungsbuch kann jedoch weiterhin für die früheren Auflagen des Lehrbuchs verwendet werden, da nur wenige Änderungen vorgenommen wurden. Die seit der 5. Auflage des Lehrbuchs neu aufgenommenen neutestamentlichen Übungstexte können Sie anhand einer der im Lehrbuch angegebenen Bibelübersetzungen kontrollieren.

Wir gedenken an dieser Stelle des am 30. Mai 2006 verstorbenen Mitherausgebers und langjährigen Inspektors der Pilgermission St. Chrischona, Klaus Haag.

Im Dezember 2006 — Werner Stoy und Wilfrid Haubeck

Abkürzungen

A	Akkusativ
akt.	aktiv
Ao(r)	Aorist
D	Dativ
F	Futur
f	feminin
f (hinter Zahlen)	und folgende Zahl
G	Genitiv
Imp	Imperativ
Impf	Imperfekt
Ind	Indikativ
Inf	Infinitiv
Konj	Konjunktiv
m	maskulin
m (bei Präpositionen)	mit
m/n	maskulin und neutrum
med	Medium
mp	Medium und Passiv
N	Nominativ
n	neutrum
P	Plural
pass.	Passiv
Pf	Perfekt
Pq	Plusquamperfekt
Pr	Präsens
prim	primär
Pz	Partizip
S	Singular
sek	sekundär
T oder Tab.	Tabelle
u	und
W	Wort
Wz.-	Wurzel-

Lektion 4 C

1) **a)** N.S., N.S., N.S., N.S., N.S.; G.S., G.S.; A.S., A.S.; V.S., V.S.; N.P., N.P., G.P., G.S.

b) Das Erkennungszeichen steht in Klammern.
D.S. (ι), N.S. (-ος), G.S. (-ου), A.S. (-ν); N.P. (-οι), G.P. (-ων), D.P. (-οις), A.P. (-ους); G.S. (-ου), D.P. (-οις), A.S. (ν), N.P. (-οι), G.P. (-ων), N.S. (-ος), D.S. (ι), N.S. (-ος), D.S. (ι), D.P. (-οις), A.S. (ν), G.P. (-ων), G.S. (-ου), A.S. (ν), N.P. (-οι).

2) **a)** A.S., G.S., N.S., D.S.; A.P., D.P., N.P., G.P.

b) den, des, der, dem; die, den, die, der.

c) **1)** ὁ (5 x); τοῦ (2 x); τόν (2 x); — (2 x); οἱ (2 x); τῶν; τοῦ. **2)** τῷ, ὁ, τοῦ, τόν; οἱ, τῶν, τοῖς, τούς; τοῦ, τοῖς, τόν, οἱ, τῶν, ὁ, τῷ, ὁ, τῷ, τοῖς, τόν, τῶν, τοῦ, τόν, οἱ.

d) Die Überprüfung der Lösungen kann durch Vergleich mit dem Vokabelverzeichnis geschehen.

3) Gleiches Verfahren wie bei 2 d).

D

I. **1.** Ich höre das Wort. – **2.** Ich sehe den Bruder. – **3.** Ich sehe die Volksmenge. – **4.** Den Sohn erziehe ich. – **5.** Ich schreibe dem Erben. – **6.** Ich habe (die) Augen. – **7.** Ich sehe den Thron.

II. **1.** Ich sage ein Wort des Gesetzes. – **2.** Ich höre Worte des Fremden. – **3.** Ich schreibe dem Sohn des Bauern. – **4.** Ich habe Zeit. – **5.** Den Worten der Freunde glaube ich. – **6.** Ich sehe einen Tempel der Fremden. – **7.** Ich habe Furcht. – **8.** Ich glaube (vertraue) dem Freund und Bruder. – **9.** Ich fliehe (vor) dem Zeitpunkt der Versuchung.

III. **1.** Ich sehe die Früchte der Felder, und ich habe das Brot des Ackers. – **2.** Ich glaube dem Wort des Freundes; aber ich fliehe vor der Versuchung und der Fessel des Feindes. – **3.** Ich diene dem Gesetz des Himmels. – **4.** Vor den Worten der Sünder fliehe ich; aber ich höre die Worte Gottes. – **5.** Christus, dem Lamm Gottes, diene ich, und der Volksmenge sage ich das Gesetz Gottes.

Lektion 5 C

1) statt des Brotes, von einem Freund, seit der Zeit, für einen Gefangenen, aus einem Volk, aus dem Fluß, vor dem Thron, mit Korn, in der Welt, mit Brüdern, in einen Tempel (hinein), auf dem Bett, statt eines Gesetzes, von einem Acker, für einen Bruder / statt eines Bruders, vor dem Anführer (einer Tausendschaft), aus der Zahl, in den Früchten, aus dem Kampf, vor das (dem) Volk, mit den Mitknechten, von den Schweinen.

2) ἀντί, ἀπό, ἐκ und πρό sind jeweils austauschbar.

ἐν und σύν sind jeweils austauschbar.

Statt εἰς kann keine der bisher gelernten Präpositionen eingesetzt werden.

3) (in 1. u. 2. Aufl. als 4) ἀριθμοῦ – statt einer Zahl, πειρασμόν – in eine Versuchung (hinein), τοῦ οἴκου – von dem Haus weg, ἀνθρώπων – aus Menschen heraus, τοῖς δούλοις – mit den Knechten, θανάτου – vor dem Tod.

D

I. **1.** Ich sehe einen Menschen. – **2.** Ich sehe den Eifer der Knechte und des Bauern. – **3.** Ich schreibe dem Diener des Herrn. – **4.** Ich habe den Reichtum des Wortes Gottes.

II. **1.** Ich sehe den Boten (Engel) vor dem Haus des Lehrers. – **2.** Ich befreie den Knecht aus der Furcht des Todes (Todesfurcht). – **3.** Ich habe das Brot und den Wein im Haus. – **4.** Ich befreie den Menschen von der Fessel des Feindes. – **5.** Mit Eifer diene ich dem Bruder des Bauern. – **6.** Den Knecht sehe ich auf dem Acker des Freundes. – **7.** Ich glaube an den Herrn. – **8.** Ich sehe die Engel vor dem Thron Gottes im Himmel (wö. in den Himmeln). – **9.** Ich diene dem Sohne Gottes anstatt dem Teufel; vor der Versuchung des Teufels fliehe ich. – **10.** Ich sage die Worte des Herrn vor den Menschen in der Welt.

III. **1.** Mit den Augen sehe ich den Thron des Herrn. – **2.** Mit Eifer diene ich Christus. – **3.** Ich höre mit Furcht die Zahl der Feinde. – **4.** Ich fliehe vor dem Teufel zur Zeit der Versuchung. – **5.** In der Zeit der Ernte diene ich dem Bauern.

E

II. **1)** λόγῳ – λόγοις	durch ein Wort – durch Worte
νόμῳ – νόμοις	durch ein Gesetz – durch Gesetze
φόβῳ – φόβοις	durch Furcht – durch Befürchtungen
ἀριθμῷ – ἀριθμοῖς	mit einer Zahl – mit Zahlen
δεσμῷ – δεσμοῖς	durch eine Fessel – durch Fesseln
πειρασμῷ – πειρασμοῖς	durch eine Versuchung – durch Versuchungen
ὀφθαλμῷ – ὀφθαλμοῖς	mit einem Auge – mit Augen
2) ζήλῳ, φόβῳ	mit Eifer, mit Furcht
3) χρόνῳ, καιρῷ, θερισμῷ	in einer Zeit, zu einem Zeitpunkt, zur Erntezeit

Lektion 6 C

1) -εις / 2.S. / du glaubst, -ομεν / 1.P. / wir hören, -ετε / 2.P. / ihr erzieht, -ουσιν / 3.P. / sie sehen, -ω / 1.S. / ich schreibe, -ει / 3.S. / er hat, -ουσιν / 3.P. / sie dienen, -ει / 3.S. / er sagt, -ομεν / 1.P. / wir fliehen, -ουσιν / 3.P. / sie haben, -εις / 2.S. / du siehst.

2) Beispiel: ἀκούεις = du hörst. Alle unter A stehenden Verben werden wie παιδεύω konjugiert. Vgl. die Lösungen mit Tab. 10.1.1 (S. 236)!

3) βλέπομεν δουλεύεις γράφουσιν
ἀκούω ἔχει λέγετε

D

I. 1. Der Freund glaubt (vertraut) dem Wort des Fremden. – **2.** Vor dem Tempel seht ihr die Volksmenge. – **3.** Du hörst die Worte des Apost els. – **4.** Die Diener dienen den Ältesten mit Eifer. – **5.** Dem Sünder sagt er das Wort des Gesetzes. – **6.** Sie glauben an den Sohn Gotte s. – **7.** Die Menschen der Welt hören die Worte des Apostels.

II. **1.** Die Bauern bepflanzen die Felder. – **2.** Wir schreiben den Freunden einen Gruß. – **3.** Die Römer herrschen in der Welt. – **4.** Die Pharisäer fasten mit Eifer, und mit Furcht dienen sie Gott. – **5.** Der Herr heilt den Diener des Ältesten. – **6.** Ihr erinnert euch an die Worte des Sohnes Gottes. – **7.** In den Himmeln und in der Welt herrscht Christus (königlich).

III. **1.** Die Freunde glauben den Worten der Fremden nicht; sie hören aber das Wort Gottes. – **2.** Menschen dienen nicht mehr dem Teufel, sondern Christus. – **3.** Du glaubst an Christus, oder du dienst noch dem Teufel. – **4.** In Christus haben wir schon den Reichtum des Himmels ; denn wir glauben (vertrauen) dem Worte Gottes.

E

II. -ει, -ει, -ουσιν, -ει, -ουσιν, -ουσιν.
-οι, -ος, -ος, -οι.

Lektion 7 C

1) wegen des Brotes – durch das Brot, mit der Zeit – nach der Zeit, über die Häuser hinaus – um der Häuser willen / über den Häusern, für (über) die Welt – um die Welt herum, von dem Himmel herab – nach dem Gesetz, nahe bei dem Acker – zum Acker hin.

2) durch ein Wort, mit Menschen, für (über) den Teufel, um den Thron herum, nach den Worten, über einen Tempel hinaus, unter dem Thron, nahe bei dem Volk, durch Engel, von einem Thron herab, um der Bauern willen, von einem Sünder, im Hinblick auf Reichtum, um der Erben willen, nahe bei dem Fluß, von einem Feind, für ein Lamm, um die Welt herum (siehe 1), nach der Furcht, durch eine Prüfung, nahe bei den Fesseln, von Augen, über eine Zahl hinaus, für (über) das Kreuz, mit Gott, nach den Aposteln, wegen der Brüder.

D

I. **1.** Der Herr heilt den Knecht des Feldherrn durch das Wort. – **2.** Ihr dient Gott nicht um des Lohnes willen. – **3.** Aus der Furcht fliehen wir zum Herrn (hin). – **4.** Die Brüder bleiben in der Zeit der Versuchung (Anfechtung) bei Christus. – **5.** Der Knecht ist nicht über dem Herrn, sondern unter dem Herrn. – **6.** Durch das Lob dienst du Gott. – **7.** Er hört die Worte über das Kreuz Jesu.

II. **1.** Ihr seht Menschen vor dem Haus des Erben. – **2.** Sie bepflanzen die Äcker für (zugunsten der) die Bauern. – **3.** Das Haus des Aufsehers (Bischofs) ist nahe beim Fluß (am Fluß). – **4.** Nach Jahren sehen wir den Lehrer. – **5.** Das Gesetz ist gegen die Sünder. – **6.** Ihr glaubt an Jesus nach (gemäß) dem Worte Gottes. – **7.** Die Engel sind um den Thron Gottes.

III. **1.** Jesus ist das Lamm Gottes; denn er erlöst (befreit) die Menschen von den Fesseln des Teufels für Gott. – **2.** Wir sehen Gott nicht mit den Augen; aber wir glauben an Gott um Jesu willen.

Lektion 8 C

1) **a)** παρθένου, -ον, -οι, -ῳ, -ους, -ος, -ων.

b) An den Stamm, den man jeweils durch Abtrennen der Endung -ος erhält, werden die gleichen Endungen gehängt wie bei a).

2) **a)** D.S., G.P., A.P., N.S., D.P., A.S., N.P., G.S.; A.P., G.S., D.S., A.S., N.S., N.P., D.P., G.P.; G.S., D.P.

b) τῆς, τῇ, ἡ, τὴν, αἱ, τὰς, ταῖς, αἱ, τῶν, τῆς, τὴν, τῇ, ἡ, αἱ, τῶν, τὰς, τῆς, τῇ, ἡ.

c)

ὁδ-ός / βίβλ-ος / νόσ-ος / νῆσ-ος			ὁδ-ός / βίβλ-ος / νόσ-ος / νῆσ-ος		
-οῦ /	-ου /	-ου / νήσ-ου	-ῷ /	-ῳ /	-ῳ / νήσ-ῳ
-ῶν /	-ων /	-ων / νήσ-ων	-οί /	-οι /	-οι / νῆσ-οι
-ούς /	-ους /	-ους/νήσ-ους	-όν /	-ον /	-ον / νῆσ-ον
-ός /	-ος /	-ος / νῆσ-ος	-οῖς /	-οις /	-οις/νήσ-οις

d) statt des Buches, der Jungfrau, unter dem Weinstock, mit dem Stab, längs des Weges, über die Weinstöcke hinaus, die Bücher, aus den Büchern, um die Wüste herum, für die Jungfrau, an den Wegen, vor dem Abgrund, in die Wüste hinein, von dem Weinstock herab.

D

I. **1.** Die Bauern der Insel haben die Früchte in den Häusern. – **2.** Auf den Inseln seht ihr Häuser. – **3.** Ein Pharisäer ist in der Einöde (Wüste) und fastet. – **4.** Jungfrauen sind nahe beim (am) Fluß. – **5.** Die Lämmer sind auf den Äckern der Insel. – **6.** Zur Zeit der Ernte haben wir die Früchte der Weinstöcke.

II. **1.** Die Jungfrau Maria hört das Wort des Engels und gehorcht Gott. – **2.** Der Herr Jesus war in der Versuchung des Teufels in der Wüste. – **3.** Der Herr heilt den Sklaven des Hauptmanns von der Krankheit. – **4.** In dem Buch (der Bibel) haben wir das Wort des Sohnes Gottes; deshalb glauben wir an Jesus. – **5.** Wir gehorchen dem Wort des Buches Gottes. – **6.** Wir sehen Jesus nicht mehr am Kreuz, sondern auf dem Thron.

III. **1.** Christus ist das Brot aus dem Himmel für die Menschen in der Welt. **2.** Jesus Christus ist der wahrhaftige Weinstock und der Weg zu Gott (hin). **3.** Er befreit Menschen aus dem Abgrund der Versuchnung des Teufels (durch den Teufel); deshalb dienen sie Jesus mit Eifer. **4.** Er macht Frieden zwischen Gott und den Menschen. **5.** Sie hoffen auf Jesus, den Herrn der Herren.

Lektion 9 C

1) **a)** N.S. od. A.S., G.S., G.P., D.S., N.P. od. A.P., D.P., N.S. od. A.S., G.S., D.P., N.P. od. A.P., D.S., G.P., N.P. od. A.P., N.S. od. A.S., N.P. od. A.P., N.S. od. A.S., G.S., N.P. od. A.P.

b) -ου, -οις, -α,
-α, -ῳ, -ον,
-ον, -οις, -ον,
-ων, -α, -α.

c) ποτήρια
δένδρων
ζῴῳ
ἀρνίου
ἔργον
μυστηρίοις.

2) **a)** G.S., N.S. od. A.S., D.S., D.P., G.P., N.P. od. A.P., N.S. od. A.S., D.S., N.P. od. A.P., D.P., G.P.

b) τῷ, τὸ, τῶν, τὰ, τοῖς, τὰ, τοῦ, τῷ, τὰ, τὸ, τοῦ, τῷ, τὰ, τῶν.

c) -ῳ, -ον, -ου, -α, -οις, -ων.

D

I. **1.** Ihr habt die Früchte der Äcker und der Bäume und der Weinstöcke. – **2.** Die Menschen der Welt dienen den Götzenbildern und den Dämonen. – **3.** Der Sadduzäer erzieht die Kinder; die Söhne aber hindert er auf dem Weg zu Jesus. – **4.** Die Himmel und die Erde sind Werke Gottes; aber die Menschen glauben dem Zeugnis der Werke Gottes nicht.

II. **1.** Die Ältesten sind Lehrer des Evangeliums. – **2.** Das Wort des Kreuzes (vom Kreuz) ist den Menschen in der Welt ein Anstoß (Ärgernis). – **3.** Im Mahl (beim Mahl) des Herrn haben wir den Kelch und das Brot. – **4.** Das Evangelium Jesu ist ein Geschenk Gottes für die Menschen. – **5.** Die Apostel sagen das Geheimnis des Todes Jesu am Kreuz den Völkern. – **6.** Sie sind Kinder Gottes und Knechte (Sklaven) Christi; denn sie glauben an das Evangelium des Herrn. – **7.** Ihr seht die Zeichen der Zeit (Zeitpunkte). – **8.** Der Sohn des Menschen ist Herr auch des Sabbats.

III. **1.** Die Schafe und die Lämmer (Widder) waren auf den Feldern der Bauern. – **2.** Die Kinder des Freundes bleiben im Haus. – **3.** Die Kleider waren in dem Haus auf der Insel. – **4.** Die Kinder gehorchen dem Wort der Ältesten. – **5.** Vor dem

Thron Gottes sind die Lebewesen. – **6.** Wir erinnern uns (gedenken) an die Worte des Herrn; denn die Zeugnisse des Herrn sind wahrhaftig.

E

II. -ουσιν, -ει, -ει, -ει, -ουσιν, -ει.

Lektion 10 C

1) **a)** Zur Lösung vgl. die Tabelle auf S. 50.

b) 3.S. – er ist, 2.S. – du bist, 3.P. – sie sind, 1.S. – ich bin, 1.P. – wir sind, 2.P. – ihr seid.

c) εἶ εἰσίν ἐστίν
ἐσμέν εἰμί ἐστέ

2) **a)** m. Gen.: in Gegenwart des Feindes – bei dem Feind, m.Dat.: aufgrund des Feindes / gegen den Feind – auf den Feind, m. Akk.: bis zum Feind / gegen den Feind.
m. Akk.: den Weg entlang / an dem Weg vorbei – m. Dat.: neben dem Weg – m. Gen.: von dem Weg her.

b) auf/bei dem Baum, an dem Gesetz vorbei, neben dem Götzenbild, bis zum Lamm, aufgrund des Geschenkes, von seiten des Kindes, bei dem Baum, bis zu einem Anstoß/Ärgernis, an dem Schiff vorbei, aufgrund eines Zeugnisses / gegen ein Zeugnis, an den Sündern vorbei.

c) ἐκ; ὑπέρ m. G. oder A.; εἰς od. πρός m. A.; παρά m. A. od. περί m. A.; ὑπό m. A.; εἰς; ἀπό; ἐν m. D.

D

I. **1.** Ihr seht die Häuser auf den Inseln. – **2.** Bei dem Fluß sind Weinstöcke und Bäume. – **3.** Ihr flieht von den Feinden (weg) auf die Insel. – **4.** Die Bücher sind ein Geschenk von dem Bischof für die Lehrer. – **5.** Die Sklaven sind auf den Schiffen der Römer. – **6.** Zwischen den Bäumen auf den Äckern entlang des Flusses pflanzen die Bauern die Weinstöcke. – **7.** Die Volksmenge glaubt an (vertraut auf) das Wort des Fremden.

II. **1.** Die Netze waren in den Schiffen. – **2.** Öl und Wein habt ihr in dem Haus. – **3.** Silber und Gold haben wir nicht; aber das Wort des Herrn haben wir in dem Buch. – **4.** Du siehst Christus an dem Holz des Kreuzes. – **5.** Die Apostel sehen das Angesicht des Herrn.

III. **1.** Die Bücher waren ein Geschenk des Ältesten. – **2.** Bist du ein Anwalt der Sklaven? – **3.** Ihr seid Lehrer der Kinder. – **4.** Wir sind nicht mehr unter dem Teufel, sondern unter dem Herrn Jesus. – **5.** Wegen des Todes des Herrn (um des Todes des Herrn willen) sind wir Kinder Gottes und Diener Jesu. – **6.** Jesus ist das Brot Gottes für die Menschen der Welt. – **7.** Du bist der Christus (Gesalbte), der Sohn

Gottes. – **8.** Ich bin der wahre (wahrhaftige) Weinstock. – **9.** Ich bin die Tür der Schafe (zu den Schafen).

Lektion 11 C

1) **a)** N.P., G.P., D.S., N.S., A.P., G.S., D.P.
b) N.S., D.S., G.S., A.P., A.S., N.S., G.P., D.S., A.S., N.P., G.S., D.P., A.P.

2) Die Lösungen können mit dem Vokabelverzeichnis verglichen werden. Dort sind alle Wörter im N.S. angegeben.

3) ἡ – die Schwester, τῇ – der Herrschaft (D.), τῆς – des Rates, τὰς – die Gebote, τὴν – die Liebe, ἡ – der Friede, τῶν – der Dörfer, τῇ – der Kunde (D.), τὴν – den Donner, αἱ – die Wolken, τῆς – des Schlages, ταῖς – den Huren, τὰς – die Schalen.

4) -ήν, -αί, -ῶν, -ης.

5) -ῆς, -αί
-αῖς, -ῃ, -ή
ῶν, -άς, -ήν.

6)

φωναί	ὑπακοάς	διαθηκῶν
νίκαις	ἑορτῆς	ἀδελφῇ
κώμη	τιμήν.	

D

I. **1.** Die Juden haben Synagogen auf dem Erdkreis. – **2.** Du schreibst der Schwester in einem Brief über den Bau des Hauses. – **3.** Der Bauer hat Speise für ein Jahr im Haus. – **4.** Nach einem Jahr war ein Fest der Juden. – **5.** Die Schafe hören die Stimme des Herrn.

II. **1.** Wir haben die Lehre der Apostel in den Schriften. – **2.** Der Freund sagt das Wort der Liebe und der Gerechtigkeit Gottes den Menschen auf dem Fest. – **3.** Die Diener dienen (als Sklaven) dem Herrn von Anfang an in (mit) Gehorsam und Geduld. – **4.** Die Almosen des Erben sind ein Zeichen der Liebe. – **5.** Ihr gehorcht dem Rat des Ältesten und den Geboten des Herrn. – **6.** Wir glauben den Testamenten des Lebens.

III. **1.** Durch den Sieg am Kreuz befreit (erlöst) Jesus Menschen aus dem Tode. – **2.** Gott kennt die Gebete und die Almosen des Bischofs. – **3.** Die Menschen der Dörfer hören das Wort des Lebens in Gleichnissen. – **4.** Dem Lamm Gottes (sei) Ehre und Lob. – **5.** Wir haben Leben aus Gott durch das Brot aus dem Himmel.

Lektion 12 C

1) N.S., N.P., G.P., D.P., G.S. oder A.P., A.S., D.S.; A.S., N.P., G.S., N.S., D.S., A.P., D.P., G.P., D.P., A.S., D.S., N.S.

2) -α, -αις, -ας, -ῶν, -αι, -ας, -αν, -ᾳ, -ᾶς.

3) eine Tür, Türen, (der) Türen, (den) Türen, Türen oder (der) Tür, eine Tür, einer Tür; ein Herz, Sünden, der Gesetzlosigkeit, ein Dienst, einer Lehre, die Gemeinden, (den) Marktplätzen, (der) Tage, (den) Schwertern, eine Taube, einer Gewinnsucht, eine Unreinigkeit.
zu 2.: der Unglaube, den Felsen, die Anker, der Stunden, die Witwen, des Verderbens, das Land (A.), der Freude (D.), des Marktplatzes.

4)

ἡ	ζω -ή	—	ἡ	φθορ-ά	σοφί-α	καὶ	ἀγάπ -η
τῆς	-ῆς		τῆς	-ᾶς	-ας		-ης
τῇ	-ῇ		τῇ	-ᾷ	-ᾳ		-ῃ
τὴν	-ήν		τὴν	-άν	-αν		-ην

5) Vgl. Vokabelverzeichnis.

D

I. **1.** Wir sehen die Gemeinde im Dienst der Bruderliebe. – **2.** Du sagst in Vollmacht das Zeugnis der Königsherrschaft (des Reiches) Gottes. – **3.** Die Bruderliebe und die Gottesfurcht sind Zeugnisse der Sinnesänderung (Buße). – **4.** Die Lehren des Herrn sind Wahrheit. – **5.** Die Wahrheit herrscht in der Gemeinde Gottes. – **6.** Die Ältesten dienen den Gemeinden in Weisheit und Gottesfurcht.

II. **1.** Die Sünde herrscht in den Herzen der Menschen des Unglaubens (der ungläubigen Menschen). – **2.** Die Gemeinden dienen Gott mit Freimut und Dankbarkeit (Danksagung) bis zur Ankunft des Herrn Jesus Christus. – **3.** Die Kinder Gottes sind nicht unter der Knechtschaft des Teufels und in der Finsternis der Sünde, sondern im Heil Gottes. – **4.** Wir glauben an die Weissagungen der Wahrheit. – **5.** Die Gottesdienste der Gemeinden sind Freude. – **6.** Die Gottesfurcht ist ein Zeichen der Sinnesänderung.

III. **1.** Die Schiffe der Juden haben Anker. – **2.** Du gehorchst dem Herrn des Landes. – **3.** Die Stunden des Tages fliehen. – **4.** Ihr seht das Haus der Witwe auf der Insel. – **5.** Die Menschen hören auf dem Marktplatz das Wort des Paulus. – **6.** Jesus erlöst Sünder aus dem Verderben der Sünde und aus der Fessel der Gesetzlosigkeit. – **7.** Mit Freude dienen wir Jesus in der Gemeinde. – **8.** Jetzt (nun) ist (der) Tag des Heils.

Lektion 13 C

1) N.P., G.P., A.P., A.S., D.S., G.S., D.P., N.S.

2) A.S. – eine Zunge, D.S. – einer Herrlichkeit, D.P. – (den) Meeren, G.S. – einer Sorge, G.S. – einer Wurzel, A.P. – Tische, N.S. – eine Herrlichkeit, G.P. – (der) Sorgen, A.P. – Wurzeln, A.S. – eine Herrlichkeit, G.P. – (der) Wurzeln.

3) Wort mit α purum, W. mit α impurum, W. auf η, W. mit α impurum, W. mit α purum, W. mit α impurum, W. auf η, W. mit α purum, W. mit α impurum, W. auf η, W. mit α purum, W. mit α impurum, W. mit α impurum, W. mit α purum, W. mit α impurum.

4) ἀγκύρ-ας/ἄγκυρ-αν, ῥίζ-ης/-αν, νίκ-ης/-ην, μερίμν-ης/μέριμν-αν, μαρτυρί-ας/-αν, γλώσσ-ης/γλῶσσ-αν, διαθήκ-ης/-ην, παρουσί-ας/-αν, θαλάσσ-ης/

θάλασσ-αν, ἀρχ-ῆς/-ήν, σοφί-ας/-αν, δόξ-ης/-αν, τραπέζ-ης/τράπεζ-αν, ἡμέρ-ας/-αν, γεένν-ης/γέενν‑αν.

D

I. **1.** Wir sind auf den Inseln und sehen die Herrlichkeit des Meeres. – **2.** Du hörst die Sprache des Volkes. – **3.** Auf dem Tisch des Hauses sind Brot und Wein für den Bauern. – **4.** Die Schiffe waren auf dem Meer Galiläas (galiläischen Meer). – **5.** Auf den Felsen im Meer sind Bäume. – **6.** Am Tisch des Herrn nehmen wir das Brot des Lebens und den Becher (Kelch) des Heils. – **7.** Bis zum Tag der Herrlichkeit dienen die Diener Jesu den Gemeinden. – **8.** Ihr seht die Engel in der Herrlichkeit des Königreiches Gottes.

II. **1.** Durch die Tür des Hauses sieht er die Ölbäume am (nahe beim) Meer. – **2.** Mit einer Zunge sagt ihr Worte des Lobpreises und der Lästerung? – **3.** Die Gottlosigkeit ist die Wurzel der Sorgen und des Verderbens. – **4.** Wir sehen den Herrn in der Herrlichkeit der Kraft. – **5.** Die Gottesfurcht ist (die) Wurzel der Weisheit; aber die Ungerechtigkeit ist (der) Anfang des Verderbens. – **6.** Ihr flieht in den Stunden der Versuchung und der Schwachheit zum Herrn der Herrlichkeit. – **7.** Jesus Christus befreit Menschen von der Knechtschaft des Verderbens zur Freiheit der Herrlichkeit (zur herrlichen Freiheit) der Kinder Gottes.

Lektion 14 C

1) Vgl. Tabelle 2.4 (S. 228) – μαθητής.

2) **a)** D.S., N.P., G.S., D.P., N.S., A.P., V.S., G.P., A.S.
b) G.S., N.S., V.S., A.S., A.P., N.S., G.S., V.S., A.P., D.P., D.S., G.P., A.S., V.S., N.P., G.S., A.P., G.S., A.P., D.P.

3) eines Eiferers, ein Heuchler, Täufer (!), einen Jüngling, Evangelisten, ein Arbeiter, eines Diebes, Prophet (!), Zöllner, (den) Israeliten, einem Richter, (der) Jünger, einen Täufer, Soldat (!), Lügenpropheten, (des) Johannes, Eiferer, (des) Hades, (die) Gebieter, (den) Gehilfen.

4) Die betreffenden Deklinationstabellen findet man für προφητεία auf S. 227 (2.2), für προφήτης auf S. 228 (2.4/η) und für νεανίας auf S. 228 (2.4/α-purum).

5) τοῦ, ὁ, –, τόν, τοὺς, ὁ, τοῦ, –, τοὺς, τοῖς, τῷ, τῶν, τὸν, –, οἱ, τοῦ, τοὺς, τοῦ, τοὺς, τοῖς.

6) -ῇ, -αί, -ά, -αις, -ας, -αι.

7)

-ου	-ης	-ας
-αν	-ά	-αῖς
-ῃ	-ῶν.	

D

I. **1.** In den Zeiten des Gesetzes waren die Ältesten Richter des Volkes. – **2.** Die

Pharisäer waren Eiferer für das Gesetz und den Sabbat. – **3.** Die Soldaten gehorchen dem Hauptmann mit Eifer. – **4.** In den Ländern pflanzen die Arbeiter die Bäume. – **5.** Der Jüngling befreit den Sklaven aus der Knechtschaft der Römer. – **6.** Ihr hindert das Werk des Lügenpropheten durch das Zeugnis der Wahrheit. – **7.** Die Jünglinge dienen dem Evangelisten mit (in) Gehorsam.

II. **1.** Ihr glaubt nicht den Lügenpropheten, sondern ihr dient mit Liebe dem Sohne Gottes. – **2.** Die Bürger des Landes hören das Zeugnis der Jünger. – **3.** Einer der Jünger sagt Jesus: Die Menge (Volksmenge) hat kein Brot. – **4.** Wir hören die Worte der Propheten und hoffen auf die Ankunft des Herrn Jesus. – **5.** Die Menschen hören das Wort des Evangelisten, aber sie glauben nicht an das Evangelium. – **6.** Die Zöllner und Sünder glauben dem Evangelium des Heils. – **7.** Die Jünglinge sind in der Welt des Verderbens ein Zeugnis für die (zur) Ehre des Herrn. – **8.** Johannes der Täufer war in der Wüste jenseits des Jordans. – **9.** Einer der Jünger war ein Dieb und Heuchler. – **10.** Der Bürger hindert das Werk des Eiferers.

Lektion 15 C

1) A.S.f., N.P.m., N.S.f., G.S.m./n., G.P.m./f./n., D.S.f., N./A.P.n., D.S.m./n., A.P.m., D.P.m./n., G.S.f., A.S.m./N.S.n./A.S.n., N.P.f., A.P.f., D.P.f., N.S.m.; G.P.m./f./n., N.P.m., A.P.f., G.S.f., N./A.P.n., G.S.m./n., A.S.f., A.P.m., D.P.m./n., D.P.f., A.S.m./N./A.S.n., D.S.m./n., N.P.f., D.P.f., A.P.f., D.S.m./n., A.S.m. oder N./A.S.n., G.P.m./f./n., A.S.m./N./A.S.n.

2) Die Lösung vergleiche man mit T. 4.2 (S. 228).

3) Die Lösung vergleiche man mit T. 4.2 (S. 228).

4) Die Lösung vergleiche man mit T. 4.1 (S. 228).

5) Angegeben ist jeweils nur die Endung, zuerst für den Stamm μικρ- und dann für den Stamm καλ-.
-ου/-ου, -οι/-οι, -ῳ/-ῳ, -οις/-οις; -α/-α, -ον/-ον, -ων/-ων; -ᾳ/-ῃ, -αις/-αις, -ας/-ης, -α/-η, -α/-α, -ον/-ον, -ας/-ης od. -ας/-ας, -αν/-ην, -α/-α, -ας/-ης, -αις/-αις, -ον/-ον, -α/-η, -ου/-ου, -ας/-ης od. -ας/-ας, -οι/-οι, -ῳ/-ῳ.

6) Vgl. Vokabelverzeichnis!

7) **a)** μόνης, ὀλίγαι, ὅλῃ, πονηρᾶς, ἄλλας, νέᾳ, σοφῇ, νεκρά/νεκράν.
b) πιστόν, λευκά, ὀλίγα, ἀγαθοῦ, μικρῷ, ἀληθινόν, ἄλλων, μόνοις.
c) σοφοί, καλόν, πτωχούς.

D

I. **1.** Auf (in) den kleinen Äckern habt ihr gute Früchte. – **2.** Ihr dient dem einzigen Erben. – **3.** Der ganze Kosmos (die ganze Welt) hört das Wort Gottes. – **4.** Freunde, ihr dient dem neuen Gesetz der neuen Welt. – **5.** Freund, du hörst die wenigen Worte der Freunde. – **6.** Der Sünder flieht vor den guten Worten der treuen Freunde. – **7.** Die Ältesten sind treue Lehrer des heiligen Evangeliums. – **8.** Ein Engel in weißen Kleidern war bei Petrus. – **9.** In der heiligen Gemeinde des Herrn haben wir Gemeinschaft mit wahrhaftigen Brüdern. – **10.** Ihr hört ein anderes Gleichnis. – **11.** Wir haben einen festen Anker der Seele (des Lebens).

II. **1.** Die Weisen der Welt dienen dem Sohn Gottes nicht. – **2.** Die Auserwählte dient dem Herrn der Herrlichkeit. – **3.** Sie glauben nicht dem Bösen, sondern dem Wahrhaftigen und Gerechten. – **4.** Die Armen haben kein (nicht) Brot. – **5.** Der Teufel hindert die Heiligen auf dem Weg des Lebens. – **6.** Das Evangelium der Königsherrschaft Gottes ist den Gläubigen (für die Gläubigen) Freude.

E

1) Für alle maskulinen Wörter lautet die Lösung:
Nom.Sg.m. des Wortes + νέος ἐστίν, z.B. ὁ ἄρτος νέος ἐστίν.
Nom.Pl.m. des Wortes + νέοι εἰσίν, z.B. οἱ λόγοι νέοι εἰσίν.
Für alle femininen Wörter lautet die Lösung:
Nom.Sg.f. des Wortes + νέα ἐστίν, z.B. ἡ οἰκία νέα ἐστίν.
Nom.Pl.f. des Wortes + νέαι εἰσίν, z.B. αἱ καρδίαι νέαι εἰσίν.
Für alle neutralen Wörter lautet die Lösung:
Nom.Sg.n. des Wortes + νέον ἐστίν, z.B. τὸ δένδρον νέον ἐστίν.
Nom.Pl.n. des Wortes + νέα ἐστίν, z.B. τὰ ἔργα νέα ἐστίν.

2) Beispiele:
1. – τοῦ ἀγαθοῦ ἄρτου / τοῦ ἄρτου τοῦ ἀγαθοῦ
7. – τῷ λευκῷ σημείῳ / τῷ σημείῳ τῷ λευκῷ.

Lektion 16 C

1) **a)** Die Lösung vgl. man mit Tabelle 4.2 (S. 228). Achtung: Es gibt keine speziellen femininen Formen. Für diese werden auch die maskulinen gebraucht.

b)

ἡ	ἐπίγει	-ος	σοφί	-α
τῆς	ἐπιγεί	-ου		-ας
τῇ	ἐπιγεί	-ῳ		-ᾳ
τὴν	ἐπίγει	-ον		αν
αἱ	ἐπίγει	-οι		αι
τῶν	ἐπιγεί	-ων		ῶν
ταῖς	ἐπιγεί	-οις		αις
τὰς	ἐπιγεί	-ους		ας

c) Beispiel: αἱ ὠφέλιμοι γλῶσσαι

d) Als Lösung sind nur die Formen von ὠφέλιμος aufgeführt. Die Formen von φρόνιμος werden analog zu diesen gebildet.
ὠφελίμου, ὠφέλιμον, ὠφελίμῳ, ὠφέλιμοι, ὠφέλιμον, ὠφέλιμα, ὠφελίμους, ὠφελίμῳ, ὠφέλιμοι, ὠφελίμῳ, ὠφελίμου, ὠφελίμων, ὠφελίμῳ, ὠφελίμων, ὠφελίμοις, ὠφελίμῳ, ὠφέλιμα, ὠφέλιμος.

2) **a)** **I.1.** ὑμεῖς – **2.** ὑμεῖς – **3.** αὐτός – **4.** ὑμεῖς – **5.** σύ – **6.** αὐτός – **7.** αὐτοί – **8.** αὐτός – **9.** ἡμεῖς – **10.** ὑμεῖς – **11.** ἡμεῖς. usw. **(II)**

b) **I.1.** αὐτοῖς – **2.** — – **3.** αὐτῷ – **4.** αὐταῖς, αὐτά – **5.** αὐτόν – **6.** αὐτό – **7.** αὐτῷ, αὐτῇ,usw. **(II)**

D

I. **1.** Der Täufer war an einem einsamen (wüsten) Ort; die ungläubigen (ungehorsamen) Juden aber gehorchen der Wahrheit nicht. – **2.** Die ungläubige Schwester des treuen (gläubigen) Bruders ist nicht mehr in der Gemeinde. – **3.** In dem Buch haben wir das himmlische Wort. – **4.** Du glaubst nicht dem Bösen, sondern dem nützlichen Wort des Apostels. – **5.** Das Kreuz Jesu ist den Gläubigen ein rettendes (heilbringendes) Zeichen. – **6.** Die Apostel sagen das ewige Wort den Menschen.

II. **1.** Die Schiffe (Fahrzeuge) der Römer sind gut. – **2.** Die Weisheit der Menschen ist irdisch. – **3.** Wahrhaftig und weise sind die Zeugnisse des Herrn. – **4.** Der neue Bund ist ewig und ein Geschenk Gottes. – **5.** Der Dienst der treuen (gläubigen) Apostel ist heilig. – **6.** Gerecht und heilig ist die Königsherrschaft (das Königreich) Gottes. – **7.** Die Werke der Menschen sind vor dem Herrn offenbar. – **8.** Das Gesetz ist heilig, und das Gebot ist heilig und gerecht und gut.

III. **1.** ICH bin das Brot aus dem Himmel. – **2.** DU bist der Heilige Gottes. – **3.** Wir sind aus Gott. – **4.** IHR glaubt nicht an mich. – **5.** Du glaubst (vertraust) mir, Petrus. – **6.** Sie sagen euch das Wort des Heils. – **7.** Wir fliehen vor euch (von euch weg). – **8.** Er heilt uns durch das Wort der Kraft. – **9.** Wir pflanzen ihm (für ihn) die Weinstöcke. – **10.** Ihr gehorcht ihnen um der Liebe willen.

IV. **1.** Gott ist (der) Herr im Himmel und auf der Erde. – **2.** Die Engel in den Himmeln und die Menschen in den Gemeinden dienen ihm. – **3.** Er befreit auch uns aus der Knechtschaft der Sünde und (aus) dem Verderben der Finsternis durch den Tod Jesu am Kreuz. – **4.** In Jesus haben wir den ganzen Reichtum Gottes. – **5.** Nun dienen wir ihm in Gottesfurcht und Wahrheit. – **6.** Wir sind nicht mehr in (unter) der Herrschaft des Teufels, sondern wir sehen nun das Heil Gottes. – **7.** Wir haben die Worte der Wahrheit in dem heiligen Buch Gottes. – **8.** Die Worte des Herrn sind für uns Freude und Kraft.

Lektion 17 C

1) Die Lösungen für ὅδε vgl. mit Tabelle 3 (S. 228) – es wird nur δε angehängt –, die für οὗτος mit Tab. 8.3 (S. 233), die für ἐκεῖνος mit Tab. 4.2 (S. 228. Beachte, daß der N. u. A.S.n. jeweils ἐκεῖνο lautet).

2) N.S.f., G.S.m./n., D.S.m./n., G.S.f., N.P.m., G.P.m./f./n., N./A.P.n., A.S.m., D.P.f., D.S.f., N.P.f., D.P.m./n., A.S.f., N./A.P.n., A.P.m., A.P.f., N./A.S.n.

3) **I.1.** τούτῳ/ἐκείνῳ, οὗτοι/ἐκεῖνοι – **2.** αὕτη/ἐκείνη, τούτου/ἐκείνου – **3.** τοῦτον/ἐκεῖνον – **4.** τούτῳ/ἐκείνῳ, τούτῳ/ἐκείνῳ – **5.** τοῦτο/ἐκεῖνο – **6.** τοῦτον/ἐκεῖνον usw. (**II-IV**)

4) αὕτη, τούτοις, ταῦτα, ταύτης, τοῦτον, τούτων, τούτῳ, αὗται, ταύτας, ταῦτα, τοῦτο, τούτους, οὗτος, τούτων, ταύτῃ, τοῦτο, τούτοις, τούτων, τούτῳ, ταύτην, τούτου, ταῦτα, τούτου, τούτων, οὗτοι, ταύταις.

5) dieser: οὗτος, ταύτης, ταύτῃ, τούτων
diese: αὕτη, ταύτην, οὗτοι, αὗται, ταῦτα, τούτους, ταύτας
diesen: τοῦτον, τούτοις, ταύταις
diesem: τούτῳ
dieses: τούτου, τοῦτο

D

I. **1.** Sie fliehen in das andere Land. – **2.** Die Königsherrschaft der Himmel ist zehn Jungfrauen gleich. – **3.** Diese Menschen waren tot in den Sünden (durch die Sünden tot); nun aber dienen sie dem Herrn Jesus in Gerechtigkeit und Liebe. – **4.** Dies schreibst du den geliebten Brüdern. – **5.** Dieses Geheimnis ist wahrhaftig. – **6.** Dies sagt der Heilige Geist.

II. **1.** Ihr seht diese neuen Häuser und jenen würdigen Tempel. – **2.** Der eine der Sklaven dient dem Herrn mit Freude, der andere mit geringem Eifer. – **3.** Die einen hören das rettende Wort und glauben, die anderen glauben nicht. – **4.** Der Herr sendet die einen als Apostel, die anderen als Lehrer. – **5.** Dieser ist der geliebte Sohn des Ältesten jener Gemeinde.

III. **1.** Er sagte aber zu ihnen dieses Gleichnis. – **2.** Dies sagt der Heilige, der Wahrhaftige. – **3.** Und er sagt mir: Diese Worte Gottes sind wahrhaftig. – **4.** IHR seid von unten (her), ICH bin von oben (her); IHR seid aus (von) dieser Welt, ICH bin nicht aus (von) dieser Welt.

Lektion 18 C

1) Kontrollmöglichkeit ist angegeben.

2) N.S.m. / A.P.m., N.S.f. / N./A.P.n., A.S.m. / N./A.S.n., D.S.m./n., A.S.f., G.P.m./f./n., D.P.f., G.S.m./n., N.S.f., G.S.m./n., N./A.P.n., N.P.m., D.S.m./n., N.P.f., A.S.f., G.P.m./f./n., N.S.m. / A.P.m., D.S.f.

3) Angegeben sind hier nur die Wortausgänge (in kontrahierter Form) der Lösungen für σιδηροῦς. In Klammern stehen die für χρυσοῦς, sofern sie von diesen abweichen.
σιδηρ -ᾶ (χρυσ -ῆ), -ῶν, -οῦν, -αῖς, -οῦ, -ᾶ, -ᾶν (-ῆν), -ᾶ, -οῦς, -οῦς, -ῷ, -ᾶς (-ῆς), -ῷ, -οῦν, -αῖ, -οῦ, -οῖς, -οῦν, -ᾶς, -ᾷ (-ῇ), -ῶν, -οῖ, -ῶν.

4) Vgl. die Lösungen mit Tab. 4.4 (S. 229). συκῆ wird analog zu γῆ dekliniert, im Plural: συκαῖ, συκῶν, συκαῖς, συκᾶς.

5) γῆς/συκῆς, γῆν/συκῆν, γῆ/συκῆ, γῇ/συκῇ.

6) Angegeben sind wieder nur jeweils die Wortausgänge.

-ῶν	-αῖ
-αῖς	-ῆν
-ῷ	-ῆ
-οῦ/-ᾶς	-ᾶς
-αῖ/-οῦν	-οῖ/-οῦν

D

I. **1.** Des Herrn ist die Erde. – **2.** Jesus ist (der) Herr des Himmels und der Erde. – **3.** Ehre (Herrlichkeit) (sei) Gott und auf der Erde Frieden. – **4.** Die goldenen und silbernen Götzenbilder waren das Verderben der Bürger des Landes. – **5.** Der Herr der Herren herrscht mit eisernem Stab (Zepter) über die Völker. – **6.** Das schöne Geschenk der Lehrer für die kleine Gemeinde war ein silberner Kelch. – **7.** Die Menschen der Erde dienen den Dämonen und den goldenen und silbernen und ehernen Götzenbildern. – **8.** Die Ältesten vor dem Thron Gottes haben weiße Kleider und auf den Häuptern goldene Siegeskränze (Kronen).

II. **1.** Die Feinde sind vor deinem Haus. – **2.** Meine Brüder glauben an den Sohn Gottes. – **3.** Wir schreiben dem Bruder deines Freundes einen Brief. – **4.** Wir sehen ihren Eifer für Jesus. – **5.** Glaubt ihr unseren Worten nicht? – **6.** Die Gleichnisse (von) der Königsherrschaft (vom Reich) Gottes sind ihre Freude. – **7.** Der eine der Arbeiter war ein Dieb, der andere war treu im ganzen Haus seines Herrn. - **8.** Unser Brief seid IHR. – **9.** Denn ER ist unser Friede. – **10.** Jetzt befreist du (läßt du gehen) deinen Knecht im Frieden.

Lektion 19 C

1) Vgl. die Lösung mit Tab. 10.3.1 (S. 237).

2) 1.S.med./pass.: ich werde erzogen / ich erziehe mich / ich erziehe für mich, 3.P.med./pass.: sie werden erzogen / sie erziehen sich / sie erziehen für sich, 1.S.akt.: ich erziehe, 3.S.med./pass.: er wird erzogen / er erzieht sich / er erzieht für sich, 3.P.akt.: sie erziehen, 2.S.med./pass.: du wirst erzogen / du erziehst dich / du erziehst für dich, 2.P.akt.: ihr erzieht, 1.P.akt.: wir erziehen, 2.P.med./pass.: ihr werdet erzogen / ihr erzieht euch / ihr erzieht für euch, 1.P.med./pass.: wir werden erzogen / wir erziehen uns / wir erziehen für uns.
Beachte: In den Übungen der folgenden Stücke werden bei Übersetzungen mediumpassiver Formen nicht immer beide Bedeutungen (mediale und passive) angegeben.

3) Es sind jeweils nur die Wortausgänge (Themavokal + Personalendung) angegeben.
παιδεύ -ομαι, -ουσι(ν), -ῃ, -ομεν, -εσθε, -ομαι, -εται, -ω, -ονται, -ει, -όμεθα, -ῃ, -ετε, -όμεθα, -εις, -εσθε, -εται, -ονται.

D

I. **1.** Die Jünglinge waschen sich im Fluß. – **2.** Ihr werdet auf dem Weg des Lebens gehindert. – **3.** Der Bauer pflanzt die Ölbäume für sich. – **4.** Nach der Mühe (Arbeit) des Tages waschen sich die Arbeiter (ab).

II. **1.** Die Heiligen werden vom Teufel auf dem Weg gehindert. – **2.** Der Knecht wird vom Herrn geheilt. – **3.** Aus den Fesseln des Bösen werden wir vom Sohn Gottes befreit (erlöst). – **4.** Die Menschen werden seit Adam (von Adam an) vom Tod beherrscht. – **5.** Du wirst vom Herrn erzogen zum (in den) Dienst in seiner Gemeinde.

III. **1.** Ihr nehmt die Freunde in euer Haus auf. – **2.** Der verständige Knecht arbeitet auf den wenigen Äckern des Bauern. – **3.** Der untreue (ungläubige) Bruder geht in die Wüste. – **4.** Sie kommen in das Haus des Pilatus (hinein). – **5.** Ihr arbeitet mit Eifer und mit Freude. – **6.** Wir arbeiten nicht für den Feind, sondern wir dienen dem gerechten Herrn. – **7.** Der Beistand (Tröster) geht von Christus aus.

Lektion 20 C

1) Vgl. Tab. 10.2 (S. 237).

2) 2.S.Impf.akt., 1.P.Impf.akt., 2.S.Pr.akt., 2.P.Impf.akt., 1.S./3.P.Impf.akt., 3.S.Pr.med./pass., 1.S.Pr.akt., 3.S.Impf.akt., 2.P.Pr.akt., 3.P.Pr.med./pass.

3) ἐπαιδεύετε ἐπαίδευον
ἐπαίδευον ἐπαίδευεν
ἐπαίδευες ἐπαιδεύομεν.

4) ἐπαίδευον, ἐπαίδευες, ἐπαιδεύομεν, ἐπαίδευεν, ἐπαίδευον, ἐπαιδεύετε.

5) 3.S.Impf.akt.: er war König, 2.P.Impf.akt.: ihr machtet Frieden, 2.S.Pr.med./pass.: du faßt einen Beschluß, 2.S.Impf.akt.: du heiltest, 3.P.Pr.akt.: sie herrschen, 1.P.Impf.akt.: wir dienten, 1.S./3.P.Impf.akt.: ich gedachte an / sie gedachten an, 2.S.Pr.akt.: du fastest, 1.S./3.P.Impf.akt.: ich pflanzte / sie pflanzten, 2.S.Impf.akt.: du bliebst, 1.P.Impf.akt.: wir hofften, 3.P.Pr.med./pass.: sie werden gehindert, 2.P.Impf.akt.: ihr nahmt, 3.S.Impf.akt.: er wusch, 2.S.Pr.med./pass.: du nimmst auf, 1.S.Pr.med./pass.: ich antworte.

D

I. **1.** Die Arbeiter pflanzten in ihren Äckern Bäume und Weinstöcke. – **2.** Die Apostel glaubten an Jesus und dienten ihm in Liebe und Freimut (Zuversicht). – **3.** In Gleichnissen sagte er ihnen das Wort der Königsherrschaft Gottes. – **4.** Er löste nicht nur (nicht allein) den Sabbat (auf), sondern er diente auch den Zöllnern und Sündern und sagte ihnen das Evangelium. – **5.** Du hindertest die Freunde auf dem Weg zum (ins) Leben.

II. **1.** Die Wahrheit befreite (löste) uns von der Knechtschaft der Gesetzlosigkeit. – **2.** Du schriebst über den Bau der Gemeinde. – **3.** Ihr saht den Herrn der Herrlichkeit; aber ihr glaubtet nicht an ihn. – **4.** Wir lösten nicht die Gebote der Menschen (auf). – **5.** Mit Gerechtigkeit und Wahrheit (Der Gerechtigkeit und Wahrheit) dientet ihr. – **6.** Die Apostel sagten den Menschen mit Vollmacht das Evangelium des Lebens.

Lektion 21 C

1) ἀπέλυον, ἀπέστελλον, ἀπέλουον, ὑπήκουον.

2) Vgl. Tab. 10.4 (S. 238).

3) 1.P.Impf.med./pass., 3.S.Impf.med./pass., 3.P.Impf.med./pass., 2.S.Impf.med./pass., 2.P.Impf.med./pass., 1.S.Impf.med./pass., 1.S./3.P.Impf.akt., 3.P.Pr.med./pass., 3.S.Impf.akt.

4) ἐπαίδευον, ἐπαιδεύοντο, ἐπαίδευες, ἐπαιδευόμην, ἐπαίδευον, ἐπαιδεύου, ἐπαιδεύετο, ἐπαίδευεν, ἐπαιδευόμεθα, ἐπαιδεύεσθε.

5) ἐπαιδεύεσθε, ἐπαιδευόμην, ἐπαιδεύοντο, ἐπαιδεύετο, ἐπαιδεύου, ἐπαιδευόμεθα.

6) 2.P.Impf.med./pass.: ihr arbeitetet, 2.S.Impf.med./pass.: du gingst, 2.S.Pr.med./ pass.: du wäschst dich / du wirst gewaschen, 2.S.Impf.akt.: du wuschst ab, 3.P.Impf.med./pass.: sie nahmen auf, 1.S.Impf.med./pass.: ich antwortete, 3.S.Impf.med./pass.: er kam, 3.S.Impf.akt.: er gehorchte, 1.P.Impf.med./pass.: wir kamen heraus, 1.S.Pr.med./pass.: ich werde gesandt, 1.S. / 3.P.Impf.akt.: ich blieb / sie blieben, 2.S.Impf.med./pass.: du gingst hinein, 1.P.Pr.akt.: wir hoffen, 3.S.Impf.med./pass.: er wurde im Gedächtnis gehalten, 2.S.Pr.akt.: du hinderst, 3.S.Impf.akt.: er fastete, 2.S.Impf.med./pass.: du gingst weg.

D

I. **1.** Die Diener gingen in der (zur) Stunde des Gebets in die Synagoge. – **2.** Ihr nahmt den Armen mit Freude in euer Haus auf. – **3.** Die Gemeinde nahm den Rat der Ältesten im (mit) Gehorsam auf. – **4.** Die Briefe wurden von den Aposteln geschrieben. – **5.** Du wurdest von dem Feind der Gemeinde gehindert; aber du sagtest die Worte des Heils. – **6.** Die Kinder der Welt gingen nicht in die Gemeinde Gottes.

II. **1.** Jesus antwortete (und sagte) den Juden. – **2.** Die Ungläubigen gingen aus der Gemeinde (hinaus / von der Gemeinde fort). – **3.** Deine Gebete und deine Almosen gingen (hinein) vor Gott. – **4.** Wir wurden aus den Fesseln des Feindes von dem treuen Freund befreit. – **5.** Ihr löstet die Gebote Gottes nicht auf. – **6.** Nach den Tagen des Festes gingen die Galiläer (fort) in ihre Dörfer.

III. **1.** Die Menschen hörten die Stimme des Herrn. – **2.** Die Lehre des Heils kam zu den Völkern des Erdkreises. – **3.** Er hoffte aufgrund des Heils (auf das Heil) des Sohnes Gottes. – **4.** Du arbeitetest (wirktest) in Geduld die guten Werke des Herrn. – **5.** Wir sandten die Brüder zu dem Fest eurer Gemeinde. – **6.** Die treue (gläubige) Schwester ging in das Haus des Ältesten. – **7.** Die eine arbeitete mit Freude, die andere mit geringem Eifer.

Lektion 22 C

2) ο – 1.P., ε – 2.P., ε – 2. od. 3.S., ο – 3.P., ο – 1.P., ε – 3.S., ο – 3.P., ο – 1.S., ε – 2.P., ο – 1.P.

3) Abkürzungen: F. = Futur, Pf. = Perfekt, Impf. = Imperfekt, Pq. = Plusquamperfekt, Pr. = Präsens, Ao. = Aorist (Konj. = Konjunktiv). Bei den Tempora werden auch solche angegeben, die faktisch falsch sind, aber wegen der Endung möglich wären.
2.P. – akt. – prim. (F./Pf.), 1.S. / 3.P. – akt. – sek. (Impf.), 1.S. – med. – sek. (Ao./ Pq.), 3.S. – med. – prim. (F./Pf.), 2.P. – med. – prim. (F./Pf.), 2.S. – med. – sek. (Ao./Pq.), 3.P. – med. – prim. (Pr.), 2.S. – akt. – sek. (Ao./Pq.), 3.P. – akt. – prim. (F./Pf.), 2.S. – med. – prim. (F./Pf.), 3.S. – med. – sek. (Impf.), 1.P. – med. – prim./sek. (F./Pf. / Ao./Pq.), 2.P. – akt. – prim. (Pr.), 3.P. – med. – prim. (F./Pf.), 1.P. – akt. – prim./sek. (F./Pf. / Ao./Pq.), 3.S. – akt. – sek. (Impf.), 3.P. – akt. – sek (Ao./Pq.), 3.P. – akt. – prim. (Pr.), 2.P. – med. – prim./sek. (hier: Pr.Konj., erst in L. 23), 1.P. – akt. – prim./sek. (F./Pf. / Ao./Pq.), 3.P. – med. – sek. (Ao./Pq.), 3.P. – med. – prim. (wieder Konj.Pr., s.o.), 1.S./3.S. – akt. – sek. (Ao./Pq.), 1.S. –

med. – sek. (Impf.), 2.P. – akt. – prim./sek. (Konj. Pr., s.o.), 2.P. – akt. – prim./ sek. (F./Pf. / Ao./Pq.).

D

1. Jesus Christus ist der Weg und die Wahrheit und das Leben. – **2.** Er (selbst) ist das Lamm Gottes. – **3.** Wir glauben an unseren Herrn. – **4.** Durch seinen Tod am (auf dem) Kreuz haben wir die Rettung aus dem Abgrund des Verderbens und die Versöhnung für unsere Sünden. – **5.** Aus der Knechtschaft der Sünde und des Todes werden wir von Jesus befreit und erzogen zur Gerechtigkeit und Gottesfurcht. – **6.** Der Teufel hindert uns nicht mehr auf dem Weg des Lebens; denn Jesus hat den Sieg über den Feind. – **7.** Nun dienen wir nicht mehr der Welt und der Finsternis, sondern Gott durch seinen Sohn. – **8.** Er (selbst) ist der Herr unseres Lebens. – **9.** In der Vollendung sind wir ihm gleich und dienen ihm in (der) Herrlichkeit der neuen Welt Gottes.

Lektion 23 C

2) 3.S.Konj.Pr.mp., 1.P.Konj.Pr.akt., 1.S.Ind./Konj.Pr.akt., 3.P.Ind.Pr.mp., 3.S.Konj.Pr.akt. / 2.S.Ind./Konj.Pr.mp., 3.P.Konj.Pr.akt., 1.S./3.P.Ind.Impf.akt., 2.S.Konj.Pr.akt., 1.S.Konj.Pr.mp., 2.P.Konj.Pr.akt., 2.P.Ind.Pr.akt., 3.P.Konj.Pr.mp., 2.P.Konj.Pr.mp., 3.P.Ind.Pr.akt., 1.P.Konj.Pr.mp., 1.P.Ind.Pr.akt.

3) παιδεύουσιν παιδεύονται
παιδεύεται παιδεύομεν
παιδεύω παιδεύει/παιδεύῃ (Ind.med.).

4) παιδεύῃς παιδεύῃ παιδεύωσιν
παιδεύητε παιδεύω παιδεύωμεν.

5) παιδεύω, παιδεύωνται, παιδεύῃ, παιδεύησθε, παιδεύωμεν, παιδεύηται, παιδεύωσιν, παιδεύῃ, παιδεύητε, παιδεύῃς, παιδευώμεθα, παιδεύωμαι.

D

I. **1.** Die Menschen haben Augen, damit sie die verschiedenartigen Werke Gottes sehen. – **2.** Jesus Christus kam (ist gekommen), damit die Menschen (das) Heil haben. – **3.** Er kam, damit er uns von der Sklaverei des Todes und aus dem Zwang der Sünde befreit. – **4.** Wir gebieten den Kindern, daß sie nicht den Begierden (sklavisch) dienen. – **5.** Ihr sagt den Kindern, daß sie sich (ab)waschen. – **6.** Wenn der Haushalter kommt, läßt er die Arbeiter ausruhen. – **7.** Wir nehmen den alten Fremden in unser Haus auf, damit er sich ausruht. – **8.** Der Herr ist gekommen, damit ihr aus dem Verderben befreit werdet.

II. **1.** Laßt uns mit Eifer dem Herrn in Wahrheit und Demut dienen. – **2.** Laßt uns (wir wollen) die Werke des Trugs und der Schlechtigkeit und der Schande hindern. – **3.** Laßt uns nicht der Gesetzlosigkeit und der Verführung dienen, sondern der Heiligung. – **4.** Laßt uns die Verheißungen des Segens Gottes hören. – **5.** Laßt uns (wir wollen) nach Ägypten reisen. – **6.** Laßt uns auf den Feldern arbeiten, damit wir am Tag der Ernte Früchte haben. – **7.** Laßt uns auf die Insel fliehen, damit wir nicht von dem Feind gehindert werden.

Lektion 24 C

1) –, -τω, -τε, -τωσαν.

2) 2.S.Imp.Pr.akt., 3.P.Imp.Pr.akt., 2.P.Ind./Imp.Pr.akt., 3.S.Imp.Pr.akt.

3) Vgl. Tab.10.1.3 (S. 236). Die Formen von θεραπεύω sind analog zu diesen zu bilden, indem man Themavokal und Personalendung an den Stamm θεραπευ- anhängt.

4) παιδευέτω, παιδεύετε, παίδευε, παιδευέτωσαν.

5)

παιδεύουσιν, παιδεύωσιν	παιδεύετε, παιδεύητε
παιδεύεις, παιδεύῃς	παιδεύει, παιδεύῃ.

6)

παιδευέτω	παίδευε	παιδεύετε
παιδεύετε	παιδευέτωσαν	παιδευέτωσαν

7) 3.S.Ind.Pr.akt.: er ist König – 2.P.Ind./Imp.Pr.akt.: ihr macht Frieden / macht Frieden! – 3.S.Imp.Pr.akt.: er soll herrschen! – 2.S.Imp.Pr.akt.: diene! – 3.S.Konj. Pr.akt. / 2.S.Ind./Konj.Pr.mp.: (damit) er gedenkt an / du wirst im Gedächtnis behalten / (damit) du im Gedächtnis behalten wirst – 2.S.Ind.Impf.akt.: du pflanztest – 3.P.Imp.Pr.akt.: sie sollen fasten – 2.S.Ind.Pr.akt.: du rätst – 3.P.Ind.Pr.akt.: sie bleiben – 2.P.Ind.Impf.akt.: ihr hofftet – 3.S.Imp.Pr.akt.: er soll hindern – 1.S./ 3.P.Ind.Impf.akt.: ich gehorchte / sie gehorchten – 2.S.Imp.Pr.akt.: nimm! – 3.P.Imp.Pr.akt.: sie sollen waschen – 1.S.Ind./Konj.Pr.akt.: ich lasse aufhören / (damit) ich aufhören lasse – 2.P.Ind./Imp.Pr.akt.: ihr laßt ausruhen / laßt ausruhen! – 3.P.Ind.Pr.mp.: sie fassen einen Beschluß – 1.P.Ind.Impf.med.: wir kamen – 2.P.Ind./Imp.Pr.mp.: (ihr) nehmt auf – 3.P.Ind.Impf.mp.: sie antworteten – 2.S.Imp.Pr.akt.: löse!

D

I. **1.** Glaube (vertraue) diesem Schwur (Eid) des Jünglings. – **2.** (Ihr) Seht die große Furcht der Feinde. – **3.** Petrus, diene dem geliebten Sohn Gottes. – **4.** (Ihr) Bleibt unter der Königsherrschaft des Sohnes Gottes. – **5.** (Ihr) Sagt die rettenden Worte Gottes den Weisen und den Armen. – **6.** (Ihr) Seht an dem Holz des Kreuzes den Sohn Gottes. – **7.** Die Gläubigen sollen vor jener Versuchung des Feindes fliehen. – **8.** Der Bischof soll dem einen der Gläubigen schreiben, dem anderen das Geschenk der Gemeinde senden. – **9.** Sie sollen der treuen (gläubigen) Schwester einen Brief schreiben.

II. **1.** Diene nicht dieser bösen Welt. – **2.** Glaubt den bekannten Worten der Heuchler nicht. – **3.** Er soll nicht (auf) die Versuchung der Welt und die Verfolgung der Feinde sehen (achten). – **4.** Die Auserwählten sollen die Worte des Betrugs nicht hören.

Lektion 25 C

1) Vgl. Tab. 10.3.3 (S. 237).

2) 3.S.Imp.Pr.mp., 2.P.Ind./Imp.Pr.mp., 3.P.Imp.Pr.mp., 2.S.Imp.Pr.mp.

3) Vgl. Tab. 10.1.3 (S. 236) und 10.3.3 (S. 237).

4) παιδεύεσθε, παιδευέσθω, παιδευέσθωσαν, παιδεύου.

5) παιδεύεται, παιδεύηται
παιδεύῃ, παιδεύῃ
παιδεύετε, παιδεύητε
παιδεύει, παιδεύῃ
παιδεύονται, παιδεύωνται
παιδεύεις, παιδεύῃς.

6) παιδευέσθω, παιδευέτω/παιδεύου, παιδευέτωσαν, παιδευέσθωσαν, παιδεύεσθε, παιδευέτω.

7) 2.S.Imp.Pr.akt.: faste!, 3.S.Imp.Pr.mp.: er soll gepflanzt werden, 3.S.Ind.Impf. akt.: er war König, 2.S.Imp.Pr.mp.: fasse einen Entschluß!, 2.P.Ind.Impf.akt.: ihr machtet Frieden, 2.P.Ind./Imp.Pr.mp.: ihr heilt euch od. ihr werdet geheilt / heilt euch! / laßt euch heilen!, 3.S.Imp.Pr.akt.: er soll herrschen, 1.P.Ind.Impf.akt.: wir dienten, 3.P.Ind.Pr.mp.: sie werden gehindert / sie hindern sich, 2.S.Ind.Impf.akt.: du gehorchtest, 1.P.Konj.Pr.akt.: (damit) wir nehmen / laßt uns nehmen, 2.P.Konj. Pr.akt.: (damit) ihr sendet, 2.S.Imp.Pr.mp.: arbeite!, 3.P.Ind.Impf.mp., sie kamen, 3.P.Imp.Pr.mp.: sie sollen weggehen, 3.P.Ind.Impf.mp.: sie gingen, 3.S.Imp. Pr.mp.: er soll antworten, 2.P.Ind.Impf.mp.: ihr nahmt auf, 1.S./3.P.Ind.Impf.akt.: ich wusch / sie wuschen, 3.S.Imp.Pr.mp.: er soll abgewaschen werden od. er soll sich abwaschen, 3.S.Konj.Pr.akt. / 2.S.Ind./Konj.Pr.mp.: (damit) er auflöst / du löst (für) dich auf / (damit) du (für) dich auflöst, 2.S.Imp.Pr.mp.: hör auf!, 2.S.Konj.Pr.akt.: (damit) du befiehlst, 2.P.Ind./Imp.Pr.mp.: ihr ruht aus / ruht aus!, 2.S.Ind.Impf.mp.: du faßtest einen Beschluß.

D

I. **1.** Sie sollen auf den übrigen Feldern der Bauern arbeiten. – **2.** Das Kind soll von der Magd erzogen werden. – **3.** Nehmt die Freunde in euer Haus auf. – **4.** Gehe zu dem Herrn. – **5.** Werde vom Herrn aus der Knechtschaft der Ungerechtigkeit befreit (laß dich vom Herrn … befreien). – **6.** Der Sklave soll kommen und dem Herrn gemäß (nach dem Maß) seiner Kraft dienen.

II. **1.** Auf dem guten Weg soll das verständige Kind nicht gehindert werden. – **2.** Antworte nicht im Zorn dem Feind. – **3.** Wandle (führe dein Leben) zur Ehre des Herrn. – **4.** Laßt euch nicht vom Bösen beraten. – **5.** Glaubt dem heilbringenden Wort. – **6.** Die Ungläubigen sollen nicht den Götzenbildern und den Dämonen dienen, sondern das Evangelium des Heils hören.

Lektion 26 C

1) Vgl. Vokabelverzeichnis. Beispiel für dt. passiven Infinitiv, z.B. παιδευέσθαι = erzogen werden.

2) βουλέσθαι, ὑπακούειν, κυριεύειν, νηστεύειν, λαμβάνεσθαι, ἀποστέλλειν, εἰρηνεύειν, φυτεύεσθαι.

3) Angegeben ist jeweils der Infinitiv Präsens.
νηστεύειν, φυτευέσθαι, βασιλεύειν, βουλεύεσθαι, usw.

4) **1)** 2.S.Ind.Pr.akt.: du hinderst. **2)** 2.P.Ind./Imp.Pr.mp.: ihr faßt einen Beschluß / faßt einen Beschluß! **3)** 1.S.Ind.Pr.mp.: ich werde gesandt/ich sende (für) mich. **4)** 2.S.Imp.Pr.akt.: pflanze! **5)** 3.S.Konj.Pr.akt./2.S.Ind./Konj.Pr.mp.: (damit) er nimmt / du wirst genommen / (damit) du genommen wirst. **6)** 3.S.Impf.akt.: er herrschte. **7)** 3.P.Konj.Pr.akt.: (damit) sie fasten. **8)** 3.P.Impf.mp.: sie antworteten. **9)** 2.S.Imp.Pr.mp.: nimm auf. **10)** 2.P.Ind./Imp.Pr.akt.: ihr laßt aufhören / laßt aufhören! **11)** 3.S.Impf.mp.: er kam. **12)** 3.P.Imp.Pr.akt.: sie sollen waschen. **13)** 1.S.Ind./Konj.Pr.akt.: ich befehle / (damit) ich befehle. **14)** 3.S.Ind.Pr.mp.: er arbeitet. **15)** 2.S.Konj.Pr.akt.: (damit) du auflöst. **16)** 3.P.Ind.Pr.akt.: sie gehorchen. **17)** 1.P.Konj.Pr.mp.: (damit) wir gehen. **18)** 3.S.Imp.Pr.mp.: er soll erzogen werden. **19)** 1.S.Impf.mp.: ich wurde geheilt. **20)** 1.P.Ind.Pr.akt.: wir herrschen königlich. **21)** 3.P.Imp.Pr.mp.: sie sollen sich waschen. **22)** 1.P.Konj.Pr.akt.: (damit) wir herrschen. **23)** 3.S.Ind.Pr.akt.: er nimmt. **24)** 3.P.Imp.Pr.akt.: sie sollen pflanzen. **25)** 2.P.Ind./Imp.Pr.akt., ihr hindert/hindert!

5) 1.S.F.akt., 3.P.F.med., 2.P.F.akt., Inf.F.akt., 3.S.F.med., 2.S.F.akt., Inf.F.med., 3.S.F.akt., 1.P.F.akt., 2.S.F.med., 3.P.F.akt., 1.P.F.med., 2.P.F.med.

6) παιδεύσειν – παιδεύσω – παιδεύσονται – παιδεύσεσθαι – παιδεύσομεν – παιδεύσῃ – παιδεύσουσιν – παιδεύσεται – παιδεύσεσθε – παιδεύσεις – παιδεύσετε – παιδεύσομαι.

7) παιδεύσομαι, παιδεύσετε, παιδεύσεται, παιδεύσομεν, παιδεύσεσθε, παιδεύσεις, παιδεύσονται, παιδεύσω, παιδευσόμεθα, παιδεύσει, παιδεύσουσιν, παιδεύσῃ, παιδεύσειν, παιδεύσεσθαι.

8) ich werde erziehen, ich werde (für) mich erziehen, ihr werdet (für) euch erziehen, du wirst erziehen, sie werden (für) sich erziehen, erziehen werden, er/sie/es wird (für) sich erziehen, (für) sich erziehen werden, ihr werdet erziehen, er/sie/es wird erziehen, wir werden (für) uns erziehen, sie werden erziehen.

9) Übersetzt sind nur noch die Infinitiv- und Futurformen.
1.S.Ind.F.med.: ich werde mich beraten, 3.S.Konj.Pr.akt. / 2.S.Ind./Konj.Pr.mp., Inf.Pr.mp.: befohlen werden, Inf.F.akt.: auflösen werden, 3.S.Konj.Pr.akt. / 2.S.Ind./Konj.Pr.mp., 1.S.Ind.Pr.mp., 2.S.Impf.mp., 3.P.Imp.Pr.akt., Inf.F.med.: aufhören werden, 2.S.Ind.F.med.: du wirst gehen, Inf.Pr.akt.: hindern, 2.S.Imp.Pr. akt., 1.S./3.P. Impf.akt., 1.P.Ind.F.akt.: wir werden königlich herrschen, 2.S.Impf. akt., 2.S.Ind./Konj.Pr.mp., 2.S.Ind.Pr.akt., 2.P.Ind./Imp.Pr.akt., 3.S.Ind.F.med.: er wird sich heilen, 3.S.Ind.F.akt.: er wird herrschen, 3.P.Ind.Fut.akt.: sie werden dienen, 3.S.Imp.Pr.akt., 1.P.Ind.F.med.: wir werden (für) uns erziehen, 3.P.Konj. Pr.mp., 2.S.Impf.mp., 3.P.Impf.mp., 2.P.Ind.Fut.akt.: ihr werdet waschen, 3.S.Impf.akt.

D

I. **1.** Du befiehlst den Brüdern, dem Sohne Gottes zu dienen. – **2.** Wir haben Augen, um die schönen (guten) Werke Gottes zu sehen. – **3.** Es ist nötig (man muß), vor der Versuchung des Feindes zu fliehen. – **4.** Das Gesetz soll die Menschen erziehen, dem wahren Gott zu dienen. – **5.** Befiehl dem Sünder, den Worten des Bösen nicht zu vertrauen (glauben). – **6.** Es ist nötig, die Werke des Teufels nicht zu wirken (Man darf nicht die Werke des Teufels tun). – **7.** Die Evangelisten sollen gehen , um den Völkern das Evangelium zu sagen. – **8.** Die Ältesten befehlen den treuen Brüdern in eurer Gemeinde, das Wort der Wahrheit in Geduld anzunehmen.

II. **1.** Du wirst deinen Dienern befehlen, den Richtern der Wahrheit gemäß zu antworten. – **2.** Kommt zu Jesus; er wird euch ausruhen lassen (Ruhe geben). – **3.** Ihr werdet in der neuen Welt Gottes mit Christus herrschen. – **4.** Die Bürger Judäas werden in die Wüste gehen, (um) den Täufer zu hören. – **5.** Die treuen Soldaten werden den Sklaven aus der Knechtschaft der Römer befreien. – **6.** Die Zöllner und die Sünder werden dem rettenden Evangelium glauben (vertrauen). – **7.** Der Herr wird gemäß seinem ewigen Worte seine Gläubigen ausruhen lassen (erquikken). – **8.** Die treuen Jünger des Herrn werden in seine Herrlichkeit eingehen. – **9.** Es kommt die Stunde, und sie ist jetzt (da), da (in der) die Toten hören werden die Stimme des Sohnes Gottes. – **10.** ICH bin der Herr, dein Gott ... du sollst (wirst) nicht ehebrechen ... du sollst (wirst) nicht morden (töten).

Lektion 27 C

1) D.S., G.P., A.S., G.S., N.P., D.P., A.P., D.S., A.S., N.P., G.S., D.P.

2) Vgl. Tab. 5.1 (S. 229). ἀστήρ wird analog zu σωτήρ dekliniert.

3) Angegeben ist jeweils nur die Endung.
ἀλεκτορ -ι, -ων, -α, -ες, -ος, -σιν, -ας.

D

I. **1.** Der Weltherrscher wird den Statthaltern seines Königreiches gebieten, seinem Sohn in (mit) Gehorsam zu dienen. – **2.** Die Menschen werden Gott, dem Allherrscher, in Gerechtigkeit dienen. – **3.** Gott ist mein Zeuge, daß ich die Wahrheit sage. – **4.** Die Apostel waren treue Herolde (Verkündiger) des Evangeliums der Rettung (des Heils). – **5.** Der Herr hat (hält) sieben Sterne in seiner Rechten.

II. **1.** Christus ist der Retter (Heiland) der Welt. – **2.** ICH bin das Alpha und das Omega, sagt der Herr, Gott, der Allherrscher (der Allmächtige). – **3.** Petrus ist Mitältester und Zeuge der Leiden des Christus. – **4.** Dem alleinigen Gott, unserem Retter (Heiland), durch Jesus Christus, unsren Herrn, (sei) Ehre (Herrlichkeit) und Macht. – **5.** Jesus aber sagte zu ihnen: Gebt dem Kaiser, was dem Kaiser gehört (das, (was) des Kaisers (ist), dem Kaiser), und Gott, was Gott gehört. – **6.** Ein anderer Glanz (ist der) der Sonne, und ein anderer Glanz (ist der) des Mondes, und ein anderer Glanz (ist der) der Sterne; denn ein Stern unterscheidet sich vom (anderen) Stern im (durch) Glanz.

Lektion 28 C

1) D.S., A.S., G.S., N.S., G.S., N.P., D.P., A.P., D.S., A.S.

2) μάστιξ, νύξ, φλόξ, πτέρυξ, σάρξ, λαῖλαψ, φύλαξ, κῆρυξ, σάλπιγξ, Φῆλιξ.

3) **a)** πτέρυγ -ος, πτέρυξιν, πτέρυγ -α, -ες, πτερύγων.
b) νύκτ -ας, -ί, νύξ, νύκτ -α, -ες.
c) λαίλαπος, λαίλαψιν, λαῖλαψ, λαιλαπ -ι, -ας.
d) φύλαξι(ν), φύλακ -ι, -ες, φύλαξ, φύλακα.

4) Den Genitiv findet man im Vokabelverzeichnis. Dann vergleiche dıe Lösungen mit Tab. 5.2 bzw. 5.3 (S. 229). Erklärung für Akzente: Einsilbige Stämme der 3. Deklination werden im Gen. und Dat. auf der Endung betont.
Dat.Pl.: μάστιξιν, νυξίν, λαίλαψιν.

5) **a)** der Geißel, die Nacht, usw.
b) A.S.: (den) Panzer, G.P.: (der) Herolde, D.P.: (den) Wächtern, A.P.: (die) Nächte, N.S.: Felix, D.P.: (den) Stürmen, G.S.: (der) Plage, G.P.: (der) Flammen, D.S.: (dem) Fleisch, D.P.: (den) Flügeln, N.P.: (die) Trompeten, D.P.: (den) Hähnen, A.S.: (den) Retter, D.P.: (den) Zeugen, A.P.: (die) Sterne, G.S.: (der) Luft.

D

I. **1.** Die Soldaten sind Wächter vor dem Grabmal. – **2.** Die Schiffe waren im Sturm des Meeres. – **3.** Der Herr sendet seine Engel mit einer Posaune. – **4.** IHR richtet (urteilt) nach dem Fleisch. – **5.** Aber offenbar sind die Werke des Fleisches. – **6.** Die Jünger waren Herolde des Herrn in der Finsternis der Welt. – **7.** Der Tag des Herrn kommt wie ein Dieb in der Nacht. – **8.** Jesus heilte Menschen von den Krankheiten und den Plagen. – **9.** Wir sind nicht Kinder der Nacht, sondern des Tages; denn wir dienen dem Herrn Christus. – **10.** Sie haben Panzer wie eiserne Panzer, und das Geräusch (wö. die Stimme) ihrer Flügel (ist) wie ein Geräusch von Streitwagen. – **11.** In den Nächten sehen wir den Glanz der Sterne. – **12.** Die Gläubigen haben den Panzer der Liebe und den Helm des Heils.

Lektion 29 C

1) D.S., A.S., N.P., N.S., N./A.S., N./A.P., G.S.

2) Den Genitiv findet man im Vokabelverzeichnis. Die restlichen Formen können mit Tab. 5.4 (S. 230) verglichen werden. Vgl. für σφραγίς und χιλιάς Tab. 5.4.1, für πνεῦμα und κρίμα Tab. 5.4.3!

3) **a)** μερίδ -ων, -ι, -ας, -α, -ες.
b) χρηστότητ -ος, -ας, -α, χρηστότησιν, χρηστότητες.
c) χαρίσμασιν, χαρίσματα, χάρισμα, χαρίσματα.
d) σπέρματ -ος, -α, σπέρμα, σπέρμασιν.

4) D.S.: (der) Sanftmut, N.P.: (die) Siegel, N./A.S.: (das) Blut,, G.S.: (des) Wortes, G.P.: (der) Lampen, N.S.: (das) Vaterland, D.P.: (den) Myriaden, N./A.S.: (die) Fülle, N./A.P.: (die) Speisen, D.P.: (den) Worten, D.S.: (dem) Willen, G.S.: (der)

Rechtsforderung, D.S.: (dem) Streit, A.S.: (die) Einfalt, N./A.S.: (der/den) Wille(n), G.P.: (der) Namen, D.S.: (dem) Mund, N./A.P.: (die) Sandalen, D.P.: (den) Buchstaben, D.S.: (dem) Horn, G.S.: (des) Gesichts, N./A.P.: (die) Knie.

D

I. **1.** Vor dem Thron waren sieben Feuerfackeln (Lampen von Feuer). – **2.** Seine Augen aber sind wie eine Feuerflamme, und auf seinem Haupt hat er einen goldenen (Sieges)kranz. – **3.** Denn ihr seid nicht unter dem Gesetz, sondern unter der Gnade. – **4.** Die Ungläubigen haben nicht das Siegel Gottes. – **5.** (Ihr) Dient in Aufrichtigkeit des Herzens dem Herrn. – **6.** Ihr habt den Reichtum seiner Gnade in Güte (Milde) und Liebe. – **7.** Maria, du hast das gute Teil; glückselig bist du. – **8.** Christus ist die Hoffnung der Herrlichkeit. – **9.** Und ich hörte (sie hörten) eine Stimme von Engeln, und ihre Zahl war Myriaden der Myriaden und Tausendschaften der Tausendschaften (Zehntausende mal Zehntausende und Tausende mal Tausende). – **10.** Die Streitigkeiten in der Gemeinde sind ein schlechtes (böses) Zeugnis vor der Welt. – **11.** (Ihr) Wandelt in Sanftmut und Liebe.

II. **1.** IHR aber seid nicht im Fleisch, sondern im Geist. – **2.** Die Gemeinde Christi hat die Fülle der Gnadengaben. – **3.** Die Gläubigen wuschen ihre Kleider (ab) in dem Blut des Lammes. – **4.** Die Frucht aber des Geistes ist Liebe, Freude, Friede, Langmut, Güte (Milde), Rechtschaffenheit (Güte), Glaube (Treue), Sanftmut, Enthaltsamkeit. – **5.** Gott offenbart seinen heiligen Willen durch den Mund der Propheten. – **6.** Vor dem (Preis-)Richterstuhl hören die Heiligen das Urteil des gerechten Richters.

III. **1.** Herr, Worte des ewigen Lebens hast du. – **2.** Mein Wort und meine Heroldsbotschaft sind (bestehen) nicht in Worten der Weisheit, sondern im Geiste Gottes. – **3.** Wir haben die Gebote und die Rechtssatzungen Gottes. – **4.** Ich schreibe auf ihn den Namen meines Gottes. – **5.** Ihr habt die Salbung vom Heiligen. – **6.** Du befreist uns um deines Namens willen aus der Knechtschaft des Bösen. – **7.** Die Menschen kamen zur Taufe des Johannes. – **8.** Das Wort Gottes ist der gute Same des ewigen Lebens. – **9.** Der Leib aber (ist / gehört) nicht der Hurerei, sondern dem Herrn, und der Herr dem Leibe.

Lektion 30 C

1) G.S. (μήν), N.P. (ποιμήν), A.S. (αἰών), G.P. (λέων), D.P. (ἀμπελών), A.S. (ἡγεμών), N.S., A.P. (δράκων), A.S. (κανών), D.P. (ἄρχων), N.S., N.P. (πυλών), N.S., D.P. (μήν), G.P. (ποιμήν), D.P. (δράκων), N.S.

2) Den Genitiv findet man im Vokabelverzeichnis. Die restlichen Formen können dann mit Tab. 5.5 (S. 230, für μήν und κανών) bzw. Tab. 5.6 (S. 230, für δράκων und ὀδούς) verglichen werden.

3) λέων: λέοντ -ος, -λέοντων, λέοντ -α, -ες, -ι, -ας, λέουσιν.
αἰών: αἰῶν -ος, -αἰώνων, αἰῶν -α, -ες, -ι, -ας, αἰῶσιν.
ποιμήν: ποιμέν -ος, -ων, -α, -ες, -ι, -ας, ποιμέσιν.
ἄρχων: ἄρχοντ -ος, -ἀρχόντων, ἄρχοντ -α, -ες, -ι, -ας, ἄρχουσιν.
ἡγεμών: ἡγεμόν -ος, -ων, -α, -ες, -ι, -ας, ἡγεμόσιν.

D

I. **1.** Die Arbeiter waren im Weinberg des Bürgers, um die Weinstöcke zu pflanzen. – **2.** Der Sklave wird vom Bürger zum Statthalter gesandt. – **3.** Die irdischen Kämpfe sind ein Abbild des Kampfes der Heiligen auf dem Weg zur ewigen Herrlichkeit. – **4.** Die Jünger Christi verkündigen die rettende (heilbringende) Gnade Gottes bis zur Vollendung des Zeitalters (der Weltzeit).

II. **1.** Hirten waren im Land (in der Gegend) mit ihren Schafen. – **2.** Die Gemeinde hat denselben Kampf wie die Apostel Jesu. – **3.** Der Heilige Geist der Verheißung (Der verheißene Heilige Geist) ist ein Angeld des Erbes. – **4.** Christus ist das Bild Gottes, des Weltherrschers. – **5.** Betet aber, damit eure Flucht nicht im Winter geschehe noch (und nicht) am Sabbat. – **6.** Dein Thron, o Gott, (ist / besteht) in das Zeitalter des Zeitalters (von Ewigkeit zu Ewigkeit). – **7.** Wir wandeln gemäß (nach) der Richtschnur des Lebens. – **8.** Ich bin der gute Hirte; meine Schafe hören meine Stimme.

III. **1.** Der Israelit flieht vor dem Löwen. – **2.** Aus dem Mund (Maul) des Drachens kommen böse Worte der Lästerung. – **3.** Die Bürger des Land es dienten den Statthaltern mit Gehorsam. – **4.** Auge um (anstatt) Auge und Zahn um Zahn. – **5.** Ihr wandeltet (führtet euer Leben) nach (gemäß) dem Zeitalter dieser Welt, nach dem Fürsten der Macht der Luft (... dem Fürsten, der in der Luft herrscht).

Lektion 31 C

1) N./A.S., D.S., G.S., G.P., D.P., G.S., N./A.P., N./A.S., G.S., N./A.P., D.P., G.S.

2) **a)** γενες, μελες, ψευδες, τελες, ἐλεες, ἐτες.
b) γένος, μέλος, ψεῦδος, τέλος, ἔλεος, ἔτος.

3)

a) ἐθνες	γενες	μελες
b) ἐθνεσων	γενεσων	μελεσων
c) ἐθνεων	γενεων	μελεων
d) ἐθνῶν	γενῶν	μελῶν

4) Als Beispiel wird hier nur ἔθνος aufgeführt.
a) ἐθνεσι → ἔθνει
b) ἐθνεσος → ἐθνεος → ἔθνους
c) ἐθνεσα → ἐθνεα → ἔθνη

5) Vgl. Tab. 5.7 (S. 230)!

6) σκευῶν, σκεύεσιν, σκεύει, σκεύους, σκεύη, σκεῦος, σκεῦος, σκεύη.

7) – βάθεσιν, βάθος, βάθη, βάθους.
– μέλη, μέλει, μελες, μελῶν.
– ἔτη, ἔτους, ἔτεσιν, ἔτος, ἐτῶν.

8) Zur Verdeutlichung sind Artikel beigefügt. D.S.: der Tiefe, G.S.: des Säuglings, G.P.: der Geschlechter, N./A.P.: die Völker, D.P.: den Sitten, N./A.S.: das Erbarmen, N./A.P.: die Jahre, D.S.: der Stärke, G.P.: des Gliedes, N./A.P.: die Teile, G.S.: der Menge, N./A.P.: die Gefäße, G.S.: der Finsternis, D.S.: dem Ende, N./A.P.: die Lügen.

D

I. **1.** Der Herr ging mit seinen Jüngern auf den Ölberg (auf den Berg der Ölbäume hinauf). – **2.** Aus der Tiefe des Verderbens wird der Herr das Geschlecht der Sünder befreien. – **3.** Die Völker sollen das Evangelium der Königsherrschaft (das Evangelium des Reiches) hören. – **4.** Die Gläubigen sind Glieder des Leibes Christi und heilige Gefäße der Herrlichkeit. – **5.** Die Menge war in der Finsternis der Sünde und der Lüge. – **6.** Die Menschen kamen gemäß der Sitte des Landes in den Tempel. – **7.** Die Gläubigen werden mit Christus tausend Jahre herrschen. – **8.** Die Leiber der Heiligen sind Glieder Christi. – **9.** Die Menge der Völker hörte das Wort des Lebens.

II. **1.** Ihr aber seid der Leib Christi und als Teile (betrachtet) Glieder. – **2.** Und er wird über das Haus Jakob in Ewigkeit herrschen, und sein Königreich wird kein Ende haben (und seines Königreichs wird kein Ende sein). – **3.** Ihr wißt, daß die Fürsten der Völker sie beherrschen. – **4.** Ein Tag vor (bei) dem Herrn (ist) wie tausend Jahre, und tausend Jahre (sind) wie ein Tag.

Lektion 32 C

1) N.S., G.P., A.S., A.P., G.S. (ἰσχύς), A.S., N.P.

2) ἰχθύ -ος, -σιν, -ν, -ες.
ἰσχύ -ι, -ας, -ων, -σιν, -ος, -ν.

3) Vgl. Tab. 5.8 (S. 230).

4) D.P. (βασιλεύς), D.S. (γραμματεύς), N.P. (N.S. gibt es nicht), A.S. (ἱερεύς), G.P. (ἀρχιερεύς), G.S. (βασιλεύς), D.P. (ἱερεύς).

5) Vgl. Tab. 5.9 (S. 230).

6) ἱερεῖ, ἱερέων, ἱερέα, ἱερεῖς.
γραμματεῖ, γραμματέως, γραμματεύς, γραμματεῦσιν, γραμματεῖς, γραμματέα.

7) D.S.: (dem) König, N.S. (der) Schriftgelehrte, A.S.: (den) Hohepriester, G.S.: (des) Fischers, D.P.: (den) Priestern, A.S.: (den) Fisch, D.P.: (den) Eltern, G.S.: (der) Kraft, G.S.: (des) Königs, A.P.: (die) Fische.

D

I. **1.** Die Priester dienen Gott mit der Kraft ihres Herzens in dem heiligen Tempel. – **2.** (Ihr) Seht den König auf dem Thron der Herrlichkeit. – **3.** Die Eltern erziehen ihre Kinder in der Wahrheit des Wortes Gottes. – **4.** Die Priester der Völker sind in der Finsternis der Gottlosigkeit. – **5.** Du dienst Gott aus (mit) deiner ganzen Kraft. – **6.** Die Hohenpriester (Oberpriester) und Schriftgelehrten gehorchten nicht der Botschaft Jesu und hinderten die Juden, dem Herrn des Lebens zu dienen.

II. **1.** Die aber sagen zu Jesus: Wir haben nichts hier außer fünf Broten und zwei Fischen. – **2.** Und er hat auf dem Gewand und auf seiner Hüfte einen Namen geschrieben: „König der Könige und Herr der Herren". – **3.** Du (bist) ein Priester in Ewigkeit gemäß der Ordnung Melchisedeks. – **4.** Denn sie waren Fischer. Und er sagt (zu) ihnen: Hierher, hinter mich (hierher, mir nach), und ich werde euch zu Menschenfischern machen.

Lektion 33 C

1) A.S., D.P., G.P., D.S., N./A.P., G.S., N.S., N.S., G.S., A.S., D.P., N./A.P.

2) Vgl. Tab. 5.10 (S. 230).

3) – κλήσεων, κλήσει, κλήσεσιν, κλῆσις.
– δέησιν, δεήσεις, δεήσει, δεήσεις, δεήσεως.
– θλίψεις, θλίψεσιν, θλῖψις, θλίψεως, θλίψεις.

4) πόλεως, πόλει, πόλις, πόλεσιν, πόλεις, πόλεων.

5) μέλος, κρίσις, ἱερεύς, ἄφεσις, ἁλεεύς, θλῖψις, ἱερεύς, ἔτος, ψεῦδος, παράκλησις, γνῶσις, βασιλεύς, βρῶσις, καύχησις.

6) N.S.: (der) Teufel, N./A.S., A.S., N./A.S., N./A.P., N.S., N.S., N./A.P.: (die) Berge, G.S.: (des) Säuglings, A.P., D.S.: (dem) Jahr, 3.S.Ind.Pr.akt.: er hat, 2.S.Ind.Pr.akt.: du hoffst, N./A.P.: die Eltern, A.S.: (den) Winter, N./A.P., N.S., D.P.: (den) Eltern, 3.P.Ind.Pr.akt.: sie nehmen, G.P., G.P., G.P., N.S., G.P., G.P., G.S., 1.S./3.P.Impf.akt.: ich diente / sie dienten, N./A.S., N.S., 2.S.Konj. Pr. akt.: (damit) du hinderst, D.S.: (dem) Vorsatz, 1.S.Ind.Pr.akt.: ich sende, D.S.: dem Eifer, 1.S.Impf.mp.: ich ruhte aus, A.S., 2.S.Imp.Pr.mp.: wandle!, G.S.: (des) Apostels, G.S.: (der) Kraft, A.P., D.S., 3.S.Ind.Pr.akt.: er offenbart, 3.S.Konj. Pr.akt. / 2.S.Ind./Konj.Pr.mp.: (damit) er befreit / du wirst befreit / (damit) du befreit wirst, D.S., 3.S.Ind.Pr.mp.: er betet, N.P.: (die) Richter, D.P.: den Geschlechtern, D.P.: den Trübsalen, A.S.: (die) Kette, G.S.: der Schlange.

D

I. **1.** Die Juden kommen nach ihrer Ordnung in die Synagogen ihrer Städte. – **2.** Die Gemeinde hat in der Bedrängnis (Trübsal) Trost in (durch) ihrem Herrn. – **3.** (Ihr) Dient in Treue (Glauben) und mit gutem Gewissen dem Herrn; in ihm habt ihr die Erlösung, die Vergebung eurer Sünden. – **4.** Die Apostel waren Zeugen der Auferstehung Jesu aus den Toten. – **5.** In Christus haben wir die Vergebung unserer Übertretungen. – **6.** Denn es (das Evangelium) ist eine Kraft Gottes zur Rettung für den Glaubenden.

II. **1.** Die Kinder haben die Überlieferungen ihrer Eltern. – 2. Die Jünger waren nach ihrer Berufung Menschenfischer. – **3.** Und die Hohenpriester und die Schriftgelehrten hörten die Worte der Offenbarung. – **4.** Durch die Auferstehung Jesu werdet ihr erlöst aus der Knechtschaft der Sünde und aus dem Gericht. – **5.** Durch den Heiligen Geist habt ihr Erkenntnis des Heils Gottes. – **6.** Sie kommen in die Stadt und sehen den König auf seinem Thron. – **7.** Durch Jesus Christus haben wir die Hoffnung der Auferstehung aus den Toten.

III. **1.** Herr, Gott, Allherrscher, wahrhaftig und gerecht (sind) deine Gerichte! – **2.** Dies sagt der ‚Amen', der treue und wahrhaftige Zeuge, der Anfang der Schöpfung Gottes. – **3.** Seht (auf) eure Berufung, Brüder! – **4.** Wir sind von Natur aus (der Natur nach) Juden und nicht Sünder aus den Völkern (Heiden). – **5.** Würdig ist das Lamm, zu nehmen (die) Kraft und Reichtum und Weisheit und Stärke und Ehre und Herrlichkeit und Lobpreis.

Lektion 34 C

1) **a)** D.S.m./n., N.P.f., D.P.m./n., G.S.f., G.P.m./f./n., N./A.P.n., A.S.m. / N./A.S.n., A.P.f., N.S.m., D.P.m./n., G.S.m./n., D.S.f., D.P.f.
b) Vgl. Tab. 10.3.5 (S. 237). Die weitere Deklination erfolgt wie bei den Adj. auf -η (Vgl. Tab. 4.2)
c) ἐρχομένου: der kommenden Welt, ἐρχόμενοι: die kommenden Himmel, ἐρχόμενον, (im folgenden ist jeweils nur noch die Endung ohne Rücksicht auf den Akzent angegeben):
ἐρχομέν -ῳ, -ων, -η, -ον, -α, -η, -ης/-ας, -ην, -αι, -ῃ, -αις, -ων, -ον, -ου, -ῃ, -ος, -οι, -ην, -ης, -οις, -ῃ, -αι/-ας.

2) **a)** πορευσόμενος, ἀπολουσόμενος, βουλευσόμενος, ἀναπαυσόμενος, λυσόμενος, ἀκουσόμενος, παιδευσόμενος.
b) Schiebt man in 1 b) jeweils hinter dem Stamm παιδευ- ein σ ein, erhält man die Lösung. Vgl. auch Tab. 10.6.3 (S. 238).
c) Vgl. b.
d) δουλευσομένη, θεραπευσομένῳ, φυτευσόμενα, κωλυσομένων, λουσομένης, ἀναλυσόμενοι, κελευσομέναις, φονευσομένας.

3) **a)** Alle Formen sind Pz.Pr.akt.
D.S.m./n., G.P.m./n., N.P.m., A.S.m. / N./A.P.n., N.S.m., N./A.S.n., G.S.f., N.P.f., D.P.f., D.S.f., A.P.m., A.S.f., D.P.m./n. (und auch 3.P.Ind.Pr.akt.).
b) Vgl. Tab. 7.1 (S. 231).
c) ... φεύγοντες ..., πιστευόντων, δουλεύοντι, βουλεύουσιν, ἔχοντας, παιδεύοντες, εἰρηνεύοντος, φονεύοντι, μένοντα.
d) des schreibenden Freundes, die fliehenden Fremdlinge, der glaubenden Bauern, dem dienenden Volk, den beratenden Lehrern, die habenden Menschen, die erziehenden Eltern, des Frieden schaffenden Königs, der tötenden Lüge, die bleibenden Sitten.
e) Der Stamm ist jeweils durch ~ ersetzt:
βλέπ -οντος, ~όντων/~ουσῶν, ~οντας, ~ουσαν, ~οντα und ~ον, ~ούσας, ~οντα, ~ομένων, ~ομένου, ~ομένοις, ~ομένη, ~όμενος, ~ομένους, ~ομένῃ.

4) **a)** Alle Formen sind Pz.F.akt.
N.P.m., N.S.f., G.P.m./n., D.P.m./n., N./A.S.n., N.S.m., D.S.f., D.S.m./n., G.S.m./n., N.P.f., A.S.m. / N./A.P.n., D.P.f., G.S.f.
b) Schiebt man in Tab. 7.1 jeweils hinter dem Stamm παιδευ- ein σ ein, erhält man die Lösung.
c) βουλεύ -σοντος: des Fremdlinges, der raten wird (will), -σοντες: die Freunde, die raten werden (wollen), -σοντας, -σοντι, -σουσιν, -σόντων, -σοντα, -σων: der Herr, der raten wird (will).

D

I. **1.** Wer mein Wort hört und meinem Gott glaubt, hat das ewige Leben. – **2.** Wir sehen den, der im Namen des Herr kommt (den im Namen des Herrn Kommenden). – **3.** Die(jenigen), die dem Herrn dienen, sind ein Zeugnis für die Welt. – **4.** Wer den guten Kampf kämpft, empfängt den Siegeskranz des ewigen Lebens. – **5.** Dient (ihr dient) dem guten Hirten, der euch (weil er euch) durch sein Blut aus der Knechtschaft des Verderbens erlöst. – **6.** Die(jenigen), die zum Herrn kommen, empfangen die Fülle der Gnade. – **7.** Wer das Wort des Herrn hören und an ihn glauben wird, wird ein Kind Gottes sein.

II. **1.** Wer durch die Tür kommt (geht), ist Hirte der Schafe. – **2.** Wer Augen hat, soll sehen! – **3.** Wer euch hört, hört mich. – **4.** Wer dar in (in diesem) Christus dient, ist des ewigen Lebens würdig. – **5.** Die Herrlichkeit (sei) dem Christus, der uns aus unseren Sünden durch sein Blut erlöst. – **6.** Ich bin der Weinstock, ihr (seid) die Reben; wer in mir bleibt und ich in ihm, dieser trägt (bringt) viel Frucht.

Lektion 35 C

1) **a)** 1.S.: ich habe für mich erzogen / ich bin erzogen (worden), 2.P.: ihr habt euch erzogen / ihr seid erzogen (worden), 1.P., 2.S., 1.S.: ich habe mich gewaschen / ich bin gewaschen (worden), 2.S.: du bist beraten (worden), 3.P.: sie sind gehindert (worden), 1.P.: wir sind gegangen, 3.S.: er/sie/es ist gelöst (worden), 1.P.: wir haben aufgehört.
b) πεπαιδεύ -μεθα, πεπαίδευ -σαι, -νται, -μαι, -σθε, -ται.
c) Vgl. Tab. 10.10.1 (S. 240).

2) **a)** βουλεύεται/βουλεύσεται, λούσῃ/λέλουσαι, πορεύονται/πεπόρευνται, κωλύσομαι/κεκώλυμαι, λύονται/λέλυνται, παυσόμεθα/πεπαύμεθα, κελεύεται/κεκέλευται.
b) βε-, δε-, πε-, πε-, -λε-, ᾐ-, τε-, πε-, ἠ-, ἠ-, ὑπη-, ἠ-, ἐκπε-, δε-, ἀναλε-, πε-, ἀποκε-.

3) **a)** Pf.med., F.akt., Pr.akt., Pf.med., F.med., Pr.akt., Pf.med., F.med., F.akt., Pf.med., Pf.med., Pr.akt., Pf.med., F.med.
b) ἀκούεσθαι / ἀκούσεσθαι / ἠκοῦσθαι,
πορεύεσθαι / πορεύσεσθαι / πεπορεῦσθαι,
λούεσθαι / λούσεσθαι / λελοῦσθαι,
παύεσθαι / παύσεσθαι / πεπαῦσθαι,
βουλεύεσθαι / βουλεύσεσθαι / βεβουλεῦσθαι.

4) 2.S.Impf.akt.: du hörtest, 3.S.Ind.Pr.mp.: er sieht sich / er wird gesehen, 2.S.Ind. Pf.mp.: du bist erzogen (worden), 3.P.Ind.Pr.akt.: sie sagen /D.P.m./n.Pz.Pr.akt.: den Sagenden (denen, die sagen), 3.S.Ind.Pf.mp.: er hat sich befreit / er ist befreit (worden), G.S.m./n.Pz.Pr.akt.: dessen, der königlich herrscht, 2.S.Ind.F.med.: du wirst dich beraten / einen Beschluß fassen, 2.P.Impf.akt.: ihr machtet Frieden, 1.P.Ind.Pf.mp.: wir sind geheilt (worden), 3.S.Impf.akt.: er herrschte, 1.P.Ind. F.akt.: wir werden dienen, 2.S.Imp.Pr.akt.: faste!, 2.P.Ind./Imp.Pr.akt.: (ihr) erinnert euch (!), 1.S.Ind.Pf.mp.: ich bin gehindert (worden), N.P.m.Pz.Pr.akt.: (die) Gehorchenden, 1.S./3.P.Impf.akt.: ich hoffte / sie hofften, D.S.m./n.Pz.Pr.akt.: dem Nehmenden, 2.P.Impf.akt.: ihr sandtet, D.S.f.Pz.Pr.mp.:(der) arbeitenden

(Frau), 3.P.Ind.Pr.mp.: sie kommen, 1.P.Konj.Pr.mp.: (damit) wir hineingehen, 3.P.Impf.akt.: sie gingen, 1.S.Impf.mp.: ich antwortete, 2.S.Imp.Pr.mp.: nimm auf!, 3.S.Ind.Pf.mp.: er ist abgewaschen (worden), 2.S.Ind.Pr.akt.: du befiehlst, Inf.F.med.: einen Beschluß fassen werden, 3.P.Ind.Pf.mp.: sie sind getötet (worden), N.S.f.Pz.Pr.akt.: (die) Ehe brechende (Frau), 2.P.Impf.akt.: ihr unterschiedet euch, 2.P.Konj.Pr.akt.: (damit) ihr richtet, N.S.m.Pz.Pr.akt.: (der) offenbarende, 3.S.Impf.mp.: er betete, 2.P.Impf.akt.: ihr verkündigtet, Inf.Pr.mp.: gerichtet werden, Inf.Pf.mp.: Bürger gewesen sein.

D

I. **1.** Sein Geist ist durch euch erquickt (worden). – **2.** Brüder, ich bin mit gutem Gewissen vor Gott (Gott gegenüber) gewandelt bis zu diesem Tag. – **3.** Frau, du bist von deiner Krankheit (Schwachheit) erlöst (befreit) (worden). – **4.** Menschen sind durch Jesus von bösen Geistern und Krankheiten geheilt (worden). – **5.** Unsere Sünden sind nicht mit (dem) Blut der Kälber abgewaschen (worden), sondern mit dem Blut Jesu Christi, des Sohnes Gottes. – **6.** Die Armen sind durch die Tat der Liebe erquickt (worden). – **7.** Durch die Auferstehung Jesu seid ihr aus der Knechtschaft der Sünde und aus dem Gericht befreit (erlöst) (worden). – **8.** Wir sind von der Knechtschaft der irdischen Gesetzlosigkeit durch die himmlische Wahrheit befreit (worden).

E

1.	2.	3.
ich bin gehindert	ich bin gehindert worden	ich bin total gehindert,
ich bin sauber	ich habe mich gewaschen/ ich bin gewaschen worden	ich habe mich abgeschrubbt,
ich bin frei	ich bin befreit worden	ich bin ganz frei,
ich bin fertig	ich habe aufgehört	ich bin total fertig,
ich bin dort	ich bin gegangen	ich bin gelaufen.

Lektion 36 C

1) **a)** Alle Formen sind mediumpassiv (die futurischen nur med.).
N.P.m.F., D.S.f.Pr., G.S.m./n.Pf., D.P.f.Pf., D.S.m./n.Pr., A.S.f.Pf., A.S.m. / N./ A.S.n.Pf., N.P.f.F., N./A.P.n.Pr., G.P.m./f./n.Pf., G.S.f.Pr., D.P.m./n./Pf., N.S.f.F., A.P.m.Pf.
Die Formen stammen von: βλέπω, δέχομαι, κελεύω, κρίνω.
b) Vgl. Tab. 10.10.3 (S. 240). Die weiteren Endungen sind die der Adjektive auf -η (Tab. 4.2), die einfach an πεπαιδευμέν- angehängt werden.
c) βεβουλευμένος, πεφονευμένος, κεκωλυμένος, ἀπολελουμένος, ἐκπεπορευμένος, λελυμένος.
d) βεβουλευμέν -η, -οις, -ου, -ας, -ον, -α, -ων, -ῃ, -ους, -αι, -ῳ, -ην, -ος, -αις, -οι, -ης.

2) **a)** 2.S., 3.S., 3.P., 1.P., 1.S., 2.P.
b) ἐπεπαύ -μην, ἐπεφονεύ -μην. Die anderen Formen vgl. Tab. 10.11 (S. 240).
c) – F.: παιδεύσομαι: ich werde mich erziehen / –
Impf.: ἐπαιδευόμην: ich erzog für mich / ich wurde erzogen
Pf.: πεπαίδευμαι: ich habe für mich erzogen / ich bin erzogen (worden)
Pq.: ἐπεπαιδεύμην: ich hatte für mich erzogen / ich war erzogen (worden)
– F.: ἀπολύσεσθε: ihr werdet euch befreien / –
Impf.: ἀπελύεσθε: ihr befreitet euch / ihr wurdet befreit
Pf.: ἀπολέλυσθε: ihr habt euch befreit / ihr seid befreit (worden)
Pq.: ἀπελέλυσθε: ihr hattet euch befreit / ihr wart befreit (worden)
– F.: φυτεύσεται: er wird für sich pflanzen / –
Impf.: ἐφυτεύετο: er pflanzte für sich / er wurde gepflanzt
Pf.: πεφύτευται: er hat für sich gepflanzt / er ist gepflanzt (worden)
Pq.: ἐπεφύτευτο: er hatte für sich gepflanzt / er war gepflanzt (worden)
– F.: βουλευσόμεθα
Impf.: ἐβουλευόμεθα
Pf.: βεβουλεύμεθα
Pq.: ἐβεβουλεύμεθα
– F.: κωλύσῃ
Impf.: ἐκωλύου
Pf.: κεκώλυσαι
Pq.: ἐκεκώλυσο
– F.: πορεύσονται
Impf.: ἐπορεύοντο
Pf.: πεπόρευνται
Pq.: ἐπεπόρευντο.
d) ἐλέλου -σθε, -το, ἐλελού -μεθα, ἐλέλου -ντο, ἐλελού -μην, ἐλέλου -σο.

D

I. **1.** Die Fürsten hatten sich beraten (einen Beschluß gefaßt) und gegen die Feinde gekämpft. – **2.** Durch den Trost (Zuspruch) des Ältesten waren wir erquickt (worden). – **3.** Die Menschen waren durch Jesus von ihren Krankheiten geheilt (worden). – **4.** Ihr wart von eurem König aus der Herrschaft des Feindes befreit worden. – **5.** Und der König sah einen Menschen, der nicht mit einem Hochzeitsgewand bekleidet war. – **6.** Worte des Heils waren im Land Galiläa (im Gebiet Galiläas) gehört worden.

Lektion 37 C

1) Alle Formen sind Pf.akt.
2.S.: du hast erzogen, 1.P.: wir haben geglaubt, Inf.: gedient haben, 3.P.: sie haben befreit, 2.P.: ihr habt geheilt, 3.P.: sie haben Frieden gemacht, Inf.: gedient haben, 1.S.: ich habe gehindert, 3.S.: er hat gehofft, Inf.: gewaschen haben.

2) λέλυ-κ-α, ἀναπέπαυ-κ-α, κεκέλευ-κ-α.
Zu den anderen Formen vgl. Tab. 10.8.1 (S. 239).

3) πεφονευκέναι, πεπιστευκέναι, δεδουλευκέναι, ᾑρηνευκέναι.

4) πεπίστευκα, πεπιστεύκασιν, πεπίστευκας
ἀπολελύκαμεν, ἀπολέλυκεν, ἀπολελύκατε, ἀπολελυκέναι
κεκυρίευκα, κεκυριεύκασιν, κεκυρίευκεν.

5) 1.S./3.P.Impf.akt.: ich sah / sie sahen, N.S.m.Pz.Pr.akt.: schreibend, 2.S.Ind.Pf. med./pass.: du hast dich gehört / du bist gehört (worden), 3.S.Imp.Pr.akt.: er soll nehmen, 2.P.Ind./Imp.Pr.akt.: (ihr) habt (!), 3.S.Impf.med./pass.: es wurde gesagt, Inf.Pf.akt.: erzogen haben, 2.S.Imp.Pr.akt.: fliehe!, 3.P.Ind.Pf.akt.: sie haben geglaubt, 1.P.Ind.Pr.akt.: wir hoffen, 2.S.Impf.akt.: du sandtest, 2.S.Impf.med.: du kamst, 1.S.Ind.Pq.med.: ich war gegangen, Inf.Pr.mp.: beantwortet werden/ antworten, N.P.m.Pz.F.akt.: die, die waschen werden, G.S.Pz.Pr.mp.m./n.: des Aufnehmenden, 3.P.Ind.Pq.med./pass.: sie hatten einen Beschluß gefaßt, 2.S.F.med.: du wirst dich lösen, 3.P.Konj.Pr.akt.: (damit) sie die Ehe brechen.

D

I. **1.** Wir haben dem Herrn der Herrlichkeit in Treue und Liebe gedient. – **2.** Die Menschen der Städte und der Dörfer haben dem wahrhaftigen Wort des ewigen Lebens geglaubt. – **3.** Der Herr hat die Stummen (Tauben) und die Blinden geheilt. – **4.** Ihr habt den Apostel über den Glauben an Christus Jesus gehört. – **5.** Die Eltern haben ihre Kinder in der Wahrheit des Glaubens erzogen. – **6.** Die Apostel haben dem einzigen Sohn Gottes in Liebe und Treue gedient. – **7.** Die Söhne und die Töchter dieser Mütter haben in den Weinbergen die Weinstöcke gepflanzt.

II. **1.** Und dies ist die Botschaft, die wir von ihm gehört haben und euch verkündigen: Gott ist Licht, und in ihm ist gar keine Finsternis. – **2.** Was wir gesehen und gehört haben, verkündigen wir auch euch, damit auch ihr mit uns Gemeinschaft habt. – **3.** Daran erkennen wir, daß wir in ihm bleiben und er in uns, daß er uns von seinem Geist gegeben hat.

E

1) **II.**1. aoristisch oder präsentisch, 2. aoristisch, evtl. präsentisch, aoristisch, evtl. präsentisch, 3. präsentisch.

2) präsentisches Pf.

3) präsentisches Pf.

4) Zustandsbeschreibung des Apostels: Aufgrund der Vision ist er Zeuge.

5) Ereignis der Vergangenheit und keine Zustandsbeschreibung.

6) aoristisches Pf.

Lektion 38 C

1) **a)** 2.S.Pq.akt., 3.P.Pq.akt., 1.P.Pq.akt., 3.S.Pq.akt., 1.S.Pq.akt.
b) Vgl. Tab. 10.9 (S. 240).

c) ἐλελού -κεις, -κεισαν, -κειν, -κει, -κειμεν, -κειτε,
ἐλελύ -κεισαν, -κειν, -κειτε, -κει, -κειμεν, -κεις.
d) ἐπεφονεύ -κειν, -φόνευντο, -φονεύκεις, -μην, -κεισαν, -μεθα, -κειμεν, -φόνευσο, -φονεύκει, -φόνευτο.

2) a) G.S.m./n., G.P.m./n., D.P.m./n., N.P.m., N.S.f., D.S.f., D.P.f., G.S./A.P.f., A.P.m., N.S.m., N./A.S.n., G.P.f., D.S.m./n., A.S.f.
b) δεδουλευ -κώς, -κυῖα, -κός. Zu den übrigen Formen vgl. Tab. 7.3 (S. 232).
c) πεπιστευ -κότος, -κότων, -κυῖα, -κόσιν, -κυίας, -κότες, -κότα, -κυίᾳ, -κώς, -κυῖαν, -κότι, -κός.
d) πεπαιδευκότι, πεπιστευκυῖαν, βεβουλευκώς, τεθεραπευκυίας, πεφυτευκότες, νενηστευκόσιν, κεκυριευκότας, λελατρευκυίᾳ, ἡρηνευκυίας, κεκωλυκότος.

D

I. **1.** Der Vater hatte seine Kinder in Gottesfurcht und Gehorsam erzogen. – **2.** Der König hatte die Männer aus den Händen des Feindes befreit. – **3.** Die Mütter hatten ihren Töchtern geboten (befohlen), dem Wort des wahrhaftigen Zeugen zu glauben. – **4.** Durch Trübsal seid ihr in die Königsherrschaft Gottes eingegangen; denn ihr hattet dem Herrn der Herrlichkeit in Aufrichtigkeit und Rechtschaffenheit (Güte) gedient.

II. **1.** Das Ziel der Wege Gottes mit den Gläubigen, wenn (da) sie ihre Sünden durch das Blut Jesu abgewaschen haben, ist (die) Herrlichkeit des ewigen Lebens. – **2.** Wer dem Wort des Herolds geglaubt hat, ist aus der Furcht befreit worden. – **3.** Jesus sagte nun zu den Juden, die ihm geglaubt hatten: Wenn ihr in meinem Wort bleibt, seid ihr wahrhaftig meine Jünger. – **4.** Wer an ihn glaubt, wird nicht gerichtet; wer nicht glaubt, ist schon gerichtet (worden), weil er nicht an den Namen des einzigen Sohnes Gottes geglaubt hat.

E

1) präsentisch

2) präsentisch, präsentisch

Lektion 39 C

1) Alle Formen sind Aor.med.
3.S.Ind., 1.S.Ind., 2.P.Ind., 1.P.Ind., 3.P.Ind., 2.S.Ind., 3.S.Ind., 2.S.Ind., Inf., N.S.m.Pz., Inf., D.P.f.Pz.

2) Vgl. Tab. 10.13.1 (S. 241).

3) ἐθεραπευ -σάμεθα, -σω, -σαντο, θεραπεύσασθαι, ἐθεραπευ -σάμην, -σατο, θεραπευσαμένη, ἐθεραπεύσασθε, θεραπευσαμένους.

4)

1.	2.	3.
ich war (für mich) König	ich bin König gewesen	ich wurde ... König
sie hörten auf	sie haben aufgehört	sie begannen aufzuhören
er mordete (für sich)	er hat (für sich) gemordet	er begann (für sich) zu morden
du befreitest (dich)	du hast (dich) befreit	du begannst, (dich) zu befreien

5) D.S.m./n. Aor.Pz.med.: einem, der (das) (für) sich erzogen hat
N.P.m.Aor.Pz.med.: die, die sich befreit haben
G.S.f.Aor.Pz.med.: einer, die sich geheilt hat
G.S.m./n. Aor.Pz.med.: eines, der/das sich gehindert hat
A.P.f.Aor.Pz.med.: die, die einen Beschluß gefaßt haben (A.f.)
G.P.m./f./n. Aor.Pz.med.: derer, die ausgeruht haben

6) C.1.: Präsens: ἀκούεται, F.: ἀκούσεται, ἀπολύομαι/-σομαι, θεραπεύεσθε/-σεσθε, κωλυόμεθα/-σόμεθα, λούονται/-σονται, παύῃ/σῃ, βλέπεται/βλέψεται, βουλεύῃ/-σῃ, ἀναπαύεσθαι/-σεσθαι, πολιτευόμενος/-σόμενος, ἀποκαλύπτεσθαι/-καλύψεσθαι, παιδευομέναις/-σομέναις.
C.4.: Pr.: βασιλεύομαι/F.: βασιλεύσομαι, παύονται/παύσονται, φονεύεται/φονεύσεται, ἀπολύῃ/-σῃ.
C.5.: παιδευ(σ)ομένῳ, ἀπολυ(σ)όμενοι, θεραπευ(σ)ομένης, κωλυ(σ)ομένου, βουλευ(σ)ομένας, ἀναπαυ(σ)ομένων.

D

I. **1.** Er faßte einen Beschluß und zog in der Nacht gegen die Feinde zum Kampf. – **2.** Wir wandelten (führten unseren Wandel) in Aufrichtigkeit unserer Herzen (mit aufrichtigem Herzen). – **3.** Du hast nicht dem Fleisch gemäß (nach dem Fleisch), sondern nach dem Wort Gottes gekämpft. – **4.** Die Ältesten der Gemeinde beschlossen, für die Wahrheit des Wortes zu kämpfen. – **5.** Laßt uns in Wahrheit dem Herrn dienen, nachdem wir den Panzer der Liebe und als Helm (die) Hoffnung des Heils angezogen haben. – **6.** Ihr wandeltet (seid gewandelt) nach der Richtschnur des Lebens.

II. **1.** Ihr habt geschmeckt, daß der Herr gütig (mild, gut) ist. – **2.** Gott errettete uns aus der Gewalt der Finsternis und versetzte uns in die Königsherrschaft des Sohnes seiner Liebe, in welchem wir die Erlösung haben, die Vergebung der Sünden. – **3.** Der (welcher) uns aus einem so großen Tod (einer solchen Todesgefahr) errettet hat und retten wird. – **4.** Und seit hinreichender (ausreichender) Zeit (seit langem / längerer Zeit) zog er kein Kleid an (hatte er kein Kleid angezogen), und er blieb nicht im Haus, sondern in den Grabmälern. – **5.** Lügt nicht gegeneinander (belügt einander nicht), nachdem ihr den alten Menschen mit seinen Taten (seinem Tun, seinen Handlungen) ausgezogen und (nachdem ihr) den neuen angezogen habt.

E

I **1) II.**1. komplexiver Aor., 2. komplexiver Aor., komplexiver Aor., 3. effektiver Aor.

II **1)** ich habe beschlossen zu reisen – ich beriet für mich (in meinem Interesse) den Freund
wir begannen, uns durch ein Wort zu hindern – wir hinderten uns (immer wieder) auf dem Weg
er wusch sich (ein für allemal) von den Sünden – er wusch sich (immer wieder) im Fluß.
2) Wenn er geht (gleichzeitig), sieht er mich. / Nachdem er sich aus den Fesseln gelöst hat (vorzeitig), schreibt er mir den Brief. / Nachdem sie ausgeruht hatten (vorzeitig), flohen sie. / Während er sich offenbart (gleichzeitig), herrscht Gott.
3) I.1. Er faßte den Beschluß und begann mit dem Feldzug, 2. wir haben … gelebt/gewandelt, 3. du hast … gekämpft, 4. … faßten den Beschluß …, 5. … nachdem wir … angezogen haben, 6. wir haben … gelebt.

Lektion 40 C

1) 3.S.Imp.Aor.med.: er soll beginnen, sich zu hören (ingressiv), 2.P.Imp.Aor.med.: dient euch (punktuell), 3.P.Imp.Aor.med.: sie sollen sich sehen (punktuell), 2.S.Imp.Aor.med.: fang an, dich zu erziehen (ingressiv), 3.P.Imp.Aor.med.: sie sollen sich (jetzt) heilen, 2.S.Imp.Aor.med.: faß (sofort) einen Beschluß!, 2.P.Imp.Aor.med.: pflanzt (sofort!) für euch, 3.S.Imp.Aor.med.: er soll sich (momentan) hindern, 3.S.Konj.Aor.med.: (damit) er sich (sofort) wäscht, 1.S.Konj.Aor.med.: ich will (jetzt) ausruhen, 3.P.Konj.Aor.med.: (damit) sie sich (gleich) offenbaren, 2.S.Konj.Aor.med.: (damit) du dich tötest / 2.S.F.med.: du wirst dich töten, 2.P.Konj.Aor.med.: (damit) ihr euch (sofort) löst, 1.P.Konj.Aor.med.: wir wollen für uns schreiben, 3.S.Konj.Aor.med.: (damit) er sich (jetzt) befreie.

2) Vgl. Tab. 10.13.3 (S. 241)!

3) Vgl. Tab. 10.13.2 (S. 241)!

4) κωλυ -σάσθωσαν, -σαι, -σασθε, -σάσθω, ἀνάπαυ -σαι, -σάσθω, -σάσθωσαν, -σασθε.

5) παιδευ -σώμεθα, -σηται, -σησθε, -σῃ, -σωνται, -σωμαι, γράψῃ, γράψ -ωνται, -ωμαι, -ησθε, -ώμεθα, -ηται.

6) ἄκουσαι, παιδευέσθω, θεραπευσάσθωσαν, φονεύσασθε, γράφου, ἀπολύεσθε, κώλυσαι, λουέσθωσαν, βλεψάσθω.

7) παιδεύσωμαι, ἀκούηται, βλέπωνται, ἀπολύσῃ, κωλυώμεθα, λούῃ, βουλευσώμεθα, παύσηται, ἀποκαλύψωνται.

8) 2.S.Imp.Pr.akt., Inf.Pr.akt., 2.S.Impf.akt., Inf.Pf.akt., G.P.m./f./n.Pz.F.med., 3.S.IndAor.med., N.P.m.Pz.Pr.akt., 2.S.Imp.Pr.mp., 3.S.Konj.Aor.med., Inf.Aor.med., 3.P.Impf.mp., 3.P.Pq.akt., D.P.f.Pz.Pf.mp., D.P.m./n.Pz.Pr.akt. / 3.P.Ind.Pr.akt., 3.P.Ind.Pf.akt., 2.P.Ind.F.akt., 3.P.Konj.Aor.med., 2.S.Pq.mp., 2.S.Imp.Aor.med., Inf.Pf.mp., 2.P.Ind./Imp.Pr.mp., 3.P.Pq.mp., 2.S.Ind.F.akt., 2.P.Konj.Aor.med., N.S.f.Pz.Pr.akt., D.S.m./n.Pz.Pf.akt., 3.S.Konj.Pr.akt./ 2.S.Ind./Konj.Pr.mp., 3.P.Imp.Aor.med., 3.S.Imp.Pr.akt., D.P.m./n.Pz.F.akt./ 3.P.Ind.F.akt., 3.P.Ind.Aor.med., 2.P.Imp.Aor.med., 1.S.Ind.Pf.mp., 3.P.Impf.mp.

D

I. **1.** Der Hauptmann sagte den Soldaten, daß sie noch eine kleine Zeit ausruhten (ausruhen sollten). – **2.** Dies schrieben wir (haben wir ihm geschrieben) ihm, damit er den guten Kampf kämpft (kämpfe). – **3.** Laßt uns den Panzer der Gerechtigkeit anziehen! – **4.** Zieht (tragt) nicht zwei Kleider an! – **5.** Ruht von euren Werken (aus)! – **6.** Pflanze dir (für dich) die Bäume in den Feldern! – **7.** Ruht ein wenig (aus)! – **8.** Wandelt dem Evangelium gemäß in Sanftmut und Liebe! – **9.** Zieht den Herrn Jesus Christus an!

II. **1.** (Es sind etliche hier), die (welche) den Tod keinesfalls schmecken werden, bis sie den Sohn des Menschen sehen, daß (wie) er in seiner Königsherrschaft kommt. – **2.** Als er aufhörte (aufgehört hatte), sagte jemand von seinen Jüngern (einer seiner Jünger) zu ihm: Herr, lehre uns beten! – **3.** Laßt uns nun die Werke der Finsternis ablegen, laßt uns aber die Waffen des Lichts anziehen. – **4.** Zieht die Wa ffenrüstung (Vollrüstung) Gottes an! – **5.** Denn es muß dies Vergängliche Unvergänglichkeit anziehen und dies Sterbliche Unsterblichkeit (anziehen). – **6.** Und führe uns nicht in Versuchung, sondern erlöse uns von dem Bösen.

E

1) **I.** 1. nach ἵνα
2. nach ἵνα
3. Adhortativ (S. 87)
4. Prohibitiv (S. 87).

2) **I.** 7.: punktuell; 9.: punktuell
II. 4.: punktuell; 6.: punktuell.

3) Ja (bestimmteste Form der Verneinung zukünftiger Aussagen).

4) a) adhortativ, b) punktuelle, nicht durative Handlung.

5) Es handelt sich um einen punktuellen, nicht durativen Vorgang.

6) Die Dauer der Handlungen ist im Blick.

Lektion 41 C

1) Alle Formen sind Aor.
2.S.Ind.akt., 1.P.Ind.akt., 2.P.Ind.akt., 1.S.Ind.akt., 3.S.Ind.akt., 3.P.Ind.akt., 1.S.Ind.akt., 3.P.Ind.akt., 3.S.Ind.akt., 3.S.Imp.akt., Inf.akt., 2.P.Imp.akt., 3.P.Imp.akt., 2.S.Imp.akt., 2.S.Imp.med. / Inf.akt., 2.S.Imp.Akt. / N./A.S.n. Pz.F.akt., 3.P.Ind.akt., 2.S.Imp.akt., Inf.akt.

2) Vgl. Tab. 10.12.1 (S. 241).

3) δουλευ -ειν, -σειν, δουλεῦσαι, δεδουλευκέναι
πιστευ -ειν, -σειν, πιστεῦσαι, πεπιστευκέναι
ἀπολυ -ειν, -σειν, ἀπολῦσαι, ἀπολελυκέναι.

4) Vgl. Tab.10.12.3 (S. 241).

5)

	2.S.	3.P.	1.S.	2.P.	3.S.	1.P.
Pr.	κυριεύ -εις	-ουσιν	-ω	-ετε	-ει	-ομεν
F.	κυριεύ -σεις	-σουσιν	-σω	-σετε	-σει	-σομεν
Impf.	ἐκυρίευ -ες	-ον	-ον	-ετε	-εν	-ομεν
Aor.	ἐκυρίευ -σας	-σαν	-σα	-σατε	-σεν	-σαμεν
Pf.	κεκυρίευ -κας	-κασιν	-κα	-κατε	-κεν	-καμεν
Pq.	ἐκεκυριεύ -κει -ς	--σαν	--ν	--τε	-κει	--μεν

	1.S.	3.P.	3.S.
Pr.	εἰρηνεύ -ω	-ουσιν	-ει
F.	εἰρηνεύ -σω	-σουσιν	-σει
Impf.	ἠρήνευ -ον	-ον	-εν
Aor.	ἠρήνευ -σα	-σαν	-σεν
Pf.	ἠρήνευ -κα	-κασιν	-κεν
Pq.	ἠρηνεύ -κειν	-κεισαν	-κει

6) ἐλάτρευσα, ἐφύτευσεν, ἐνήστευσαν, ἐμνημονεύσαμεν, ὑπήκουσας.

D

I. **1.** Von dem Tage an (seit dem Tage) faßte er den Beschluß, den Sklaven zu befreien. – **2.** Ich gebot euch (habe euch befohlen), die neuen Kleider anzuziehen. – **3.** Felix hörte ihn über Christus (über den Weg des Lebens / den Weg des Lebens betreffend) (reden). – **4.** Sie dienten mit mir am Evangelium. – **5.** Denn Johannes kam zu euch auf (in) dem Weg der Gerechtigkeit, und ihr habt ihm nicht geglaubt (glaubtet ihm nicht). – **6.** Er soll mit Freude dem Sohn Gottes dienen. – **7.** Das Lamm ist würdig, die Siegel zu lösen.

II. **1.** Der Tod herrschte von Adam bis Mose. – **2.** Und sie zogen ihm seine Kleider an. – **3.** Und nachdem er hinausgegangen war, weinte er bitterlich. – **4.** Und (nachdem Jesus geantwortet hatte) Jesus antwortete und sagte zu den Schriftgelehrten und Pharisäern (sprechend): Ist es erlaubt, am Sabbat zu heilen oder nicht? – **5.** Sei es nun ich oder seien es jene (seien es nun ich oder jene), so verkündigen wir, und so habt ihr geglaubt. – **6.** Abraham aber sagt: Sie haben Mose und die Propheten; sie sollen sie (diese) hören. – **7.** Glaube an den Herrn Jesus, und du wirst gerettet werden, du und dein Haus. – **8.** Denn alle Propheten und das Gesetz haben bis zu Johannes geweissagt (prophetisch geredet). – **9.** Denn nun (jetzt) ist unsere Rettung näher (da) als damals, da wir glaubten (zum Glauben gekommen sind). – **10.** Nun antwortete ihm die Volksmenge: Wir haben aus dem Gesetz gehört, daß der Christus bleibt bis in Ewigkeit, und wie sagst du, daß der Sohn des Menschen erhöht werden muß (daß es für den Sohn des Menschen nötig ist, erhöht zu werden)?

E

Manchmal sind auch andere Lösungen möglich, je nach Exegese.

1. … hat geherrscht … (Feststellung; komplexiv)
2. Sie zogen … an (histor.: Erzählung)
3. Er weinte … (histor.: Erzählung)
4. … Jesus sagte … (histor.: Erzählung)
5. … so habt ihr geglaubt (Feststellung; komplexiv) oder … seid ihr zum Glauben gekommen (ingressiv)
6. … sie sollen (jetzt) hören … (punktuell)
7. Glaube … (punktuell)
8. … haben geweissagt (Feststellung; komplexiv)
9. … als wir gläubig wurden (ingressiv)
10. … antwortete (histor.: Erzählung), wir haben gehört (Feststellung; komplexiv).

Lektion 42 C

1.) 2.S.Konj.Aor.akt., 3.P.Konj.Aor.akt., 2.P.Konj.Aor.akt., 3.S.Konj.Aor.akt. / 2.S.Konj.Aor.med. / 2.S.Ind.F.med., 1.P.Konj.Aor.akt., 1.S.Konj.Aor.akt. / 1.S.F.akt., G.S.m./n.Pz.Aor.akt., D.P.m./n.Pz.Aor.akt., N.P.m.Pz.Aor.akt., A.P.m.Pz.Aor.akt., G.P.m./n.Pz.Aor.akt., N.S.f.Pz.Aor.akt., D.P.f.Pz.Aor.akt., D.S.m./n.Pz.Aor.akt., N.P.m.Pz.Aor.akt., A.P.f.Pz.Aor.akt.

2) γράψω …, πιστεύσω … Die übrigen Formen vgl. Tab. 10.12.2 (S. 241).

3) λατρεύσας, λατρεύσασα, λατρεῦσαν …
θεραπεύσας, θεραπεύσασα, θεραπεῦσαν …
Zu den übrigen Formen vgl. Tab. 7.2 (S. 232).

4) νηστεύσῃς, φυτεύσηται, λατρεύῃ, θεραπεύσωσιν, εἰρηνεύω, βουλεύσωμαι, βασιλεύσω, κυριεύσητε, κωλύῃ, ὑπακούσωμεν.

5) παυ ist jeweils durch - ersetzt.
-οντας, -σοντας, -σαντας, πε-κότας; -ομένους, -σομένους, -σαμένους, πε-μένους,
-ων, -σων, -σας, πε-κώς; -όμενος, -σόμενος, -σάμενος, πε-μένος,
-ούσαις, -σούσαις, -σάσαις, πε-κυίαις; -ομέναις, -σομέναις, -σαμέναις, πε-μέναις,
-ον, -σον, -σαν, πε-κός; -όμενον, -σόμενον, -σάμενον, πε-μένον,
-όντων, -σόντων, -σάντων, πε-κότων; -ομένων, -σομένων, -σαμένων, πε-μένων,
-ουσαι, -σουσαι, -σασαι, πε-κυῖαι; -όμεναι, -σόμεναι, -σάμεναι, πε-μέναι,
-οντα, -σοντα, -σαντα, πε-κότα; -όμενον …
-ούσης, -σούσης, -σάσης, πε-κυίας; -ομένης …
-οντα, -σοντα, -σαντα, πε-κότα; -όμενα …
-ουσαν, -σουσαν, -σασαν, πε-κυῖαν; -ομένην …
-ουσιν, -σουσιν, -σασιν, πε-κόσιν; -ομένοις …

-ουσα, -σουσα, -σασα, πε-κυῖα; -ομένη ...
-οντες, -σοντες, -σαντες, πε-κότες; -όμενοι ...

D

I. **1.** Dies sagen wir euch, damit ihr glaubt, daß Jesus der Christus ist. – **2.** Dies ist sein Gebot, daß wir dem (an den) Namen seines Sohnes glauben. – **3.** Der Herr kam in die Welt, damit er die Werke des Teufels löse (zerstöre). – **4.** ... damit, gleichwie die Sünde (königlich) geherrscht hat im Tode (durch den Tod), so (auch) die Gnade (königlich) herrscht durch Gerechtigkeit zum ewigen Leben durch Jesus Christus, unseren Herrn.

II. **1.** In welchem auch ihr, nachdem ihr das Wort der Wahrheit, das Evangelium eurer Rettung, gehört habt, in welchem auch ihr, nachdem ihr geglaubt habt (zum Glauben gekommen seid), versiegelt worden seid mit dem Heiligen Geist der Verheißung. – **2.** Dem, der uns liebt und aus unseren Sünden erlöst hat durch sein Blut, [und er hat uns zum Königtum gemacht, zu Priestern (vor) Gott und seinem Vater,] ihm (sei) die Herrlichkeit und die Stärke in die Äonen der Äonen (in alle Ewigkeit). Amen. – **3.** Wir danken Gott, dem Vater unseres Herrn Jesus Christus, allezeit, indem wir für euch beten, nachdem wir euren (von eurem) Glauben an Christus Jesus und eure (von eurer) Liebe gehört haben.

III. **1.** Da (damals) sagte (nun) Jesus mit Freimütigkeit zu ihnen: Lazarus ist gestorben, und ich freue mich euretwegen (um euretwillen), damit ihr glaubt; denn ich war nicht dort; aber laßt uns zu ihm gehen. – **2.** Jesus sagt zu ihr: Habe ich dir nicht gesagt, daß du, wenn du glaubtest, die Herrlichkeit Gottes sehen wirst?

E

1) 1. final, 2. final, 3. final, 4. final (jeweils mit ἵνα).

2) 1. vorzeitig; vorzeitig
2. λυσαντι: vorzeitig (ἀγαπῶντι ist gleichzeitig).
3. ἀκουσ. ist vorzeitig, während προσευχη. gleichzeitig ist.

Lektion 43 C

1) Alle Formen sind Aor. passiv.
1.P.Ind.: wir sind erzogen worden, 3.S.Ind.: er ist befreit worden, 3.P.Ind.: sie sind geheilt worden, 1.S.Ind.: ich bin angezogen worden, G.S.m./n.Pz.: dessen, der gehindert worden ist, 1.S.Ind.: ich bin erschüttert worden, N.P.m.Pz.: die, die gewaschen worden sind, 3.S.Ind.: es ist aufgelöst worden, N.S.n.Pz.: das, was aufgehört hat, A.S.m.Pz.: den, der abgewaschen worden ist / N./A.P.n.Pz.: (die,) die abgewaschen worden sind, N.S.m.Pz.: (der), der gelöst worden ist, A.P.m.Pz.: die, die getötet worden sind, 3.P.Ind.: sie sind gesehen worden, 3.S.Ind.: es ist gearbeitet worden, G.P.m./n.Pz.: derer, die geoffenbart worden sind.

2) ἐλύθην ..., ἐκωλύθην ... Zu den übrigen Formen vgl. Tab. 10.14.1 (S. 242)!

3) λουθείς, λουθεῖσα, λουθέν ...
βλεφθείς, βλεφθεῖσα, βλεφθέν ...
Zu den übrigen Formen vgl. Tab. 7.4 (S. 232)!

4) ἐφονεύ -σας, -σω, -θης
-σαμεν, -σάμεθα, -θημεν
-σατε, -σασθε, -θητε
-σα, -σάμην, -θην
-σαν, -σαντο, -θησαν
-σεν, -σατο, -θη

5) θεραπευ -θέντος, -θέντι, -θέντες, -θεῖσα, -θέντα, -θείσης, -θέντα, -θείσας, -θεῖσιν, -θέν, -θείσῃ, -θέντων.

6)

παυομέν	-ῳ,	παυ	-θέντι,	πεπαυμέν	-ῳ
	-ων,		-θέντων,		-ων
	-η,		-θεῖσα,		-η
	-ους,		-θέντας,		-ους
	-αις,		-θείσαις,		-αις
	-ον,		-θέν,		-ον
	-ην,		-θεῖσαν,		-ην
	-ος,		-θείς,		-ος
	-οις,		-θεῖσιν,		-οις
	-αι,		-θεῖσαι,		-αι.

D

I. **1.** Die Füße und die Hände sind Glieder des Leibes. – **2.** Dieses Geschlecht hat Ohren zu hören, und es hört die Worte Gottes nicht, und (es hat) Augen zu sehen, und es sieht die Werke des Herrn nicht. – **3.** (Ihr) Seht die Hunde, seht die bösen Arbeiter. – **4.** Der Herr und unser Retter hat die Schlüssel des Todes.

II. **1.** Viele Menschen in Galiläa sind von Jesus geheilt worden. – **2.** Die Bücher und die Briefe der Gemeinde sind von den Eiferern im Feuer vor dem Tor verbrannt worden. – **3.** Jenes kleine Kind ist von der Mutter im Wasser des Flusses gewaschen worden. – **4.** Nachdem der Mann von Jesus geheilt worden war, kam er in die Gemeinde. – **5.** Die Tore der Stadt sind wegen des Feindes geschlossen worden.

III. **1.** Und die Klugen gingen mit ihm zur Hochzeit (hinein), und die Tür wurde geschlossen (ist geschlossen worden). – **2.** Die Fessel seiner Zunge ist gelöst worden. – **3.** Denn auch unser Passah, Christus, ist geopfert worden. – **4.** Und Mose wurde in jeder Weisheit der Ägypter erzogen, er war aber mächtig in seinen Worten und Werken. – **5.** Die Apostel sagten dem, der geheilt worden war (dem Geheilten): Glaube an den Herrn! – **6.** Sie zogen aber durch Phrygien und das galatische Land, nachdem sie vom Heiligen Geist gehindert worden waren, das Wort in Asien (der Asia) zu reden.

Lektion 44 C

1) Alle Formen sind Aor.pass.
3.P.Konj., 2.S.Konj., 3.P.Imp., 3.S.Konj., 1.P.Konj., 2.P.Imp. (Akzent!), 2.S.Imp., Inf., 1.S.Ind.

— 3.P.Ind.: sie sind geliebt worden, 3.S.Konj.: (damit) er gesalbt wird, 3.S.Imp.: es soll verkündigt werden, 2.S.Ind.: du bist gelehrt worden, Inf.: bedient werden, N./A.S.n.Pz.: das, wofür gedankt worden ist, 2.S.Imp.: laß dich unterwerfen.

2) ἀπολυθῶ …, ἀπολύθητι …, φυτευθῶ …, φυτεύθητι … Zu den übrigen Formen vgl. Tab. 10.14.2 u. 10.14.3 (S. 242).

3)

Präs.akt.	med.	Aor.akt.	med.	pass.
παῦ -ε	´-ου	-σον	ˆ-σαι	´-θητι
παυ -έτω	-έσθω	-σάτω	-σάσθω	-θήτω
παύ -ετε	-εσθε	-σατε	-σασθε	-θητε
παυ -έτωσαν	-έσθωσαν	-σάτωσαν	-σάσθωσαν	-θήτωσαν

4)

Präsens:	λούειν, λούεσθαι
Fut.:	λούσειν, λούσεσθαι
Aor.:	λοῦσαι, λούσασθαι, λουθῆναι
Perf.:	λελουκέναι, λελοῦσθαι

D

I. **1.** Dies sagt der Sohn Gottes, der Augen hat wie eine Feuerflamme, und seine Füße sind dem Golderz gleich. – **2.** Und Johannes war gekleidet (in) (einen) Kamelhaar(mantel). – **3.** Die Frau aber ist die Herrlichkeit (Glanz) des Mannes. Denn (der) Mann ist nicht aus (der) Frau, sondern (die) Frau aus (dem) Mann. – **4.** Hier ist Weisheit (nötig): Wer Verstand hat (wer es versteht), soll die Zahl des Tieres errechnen.

II. **1.** Der Sohn des Menschen kam nicht, um bedient zu werden, sondern um zu dienen. – **2.** Der Apostel wurde von den Feinden des Evangeliums gehindert, nach Rom zu reisen. – **3.** Geht nicht hinter den Lügenpropheten (her). – **4.** Jesus Christus ist zur Rechten Gottes, nachdem er in den Himmel gegangen ist. – **5.** Er soll in Frieden gehen. – **6.** Der Hauptmann sagt ihm: Ich habe unter mir Soldaten, und ich sage diesem: Geh! und er geht, und einem anderen: Komm! und er kommt. – **7.** Denn wir wissen, daß, wenn unser irdisches Haus des Zelts (unser irdisches Zelthaus) abgebrochen (worden) ist, wir einen Bau von Gott haben.

Lektion 45 C

1) Alle Formen sind F.pass.
2.P.Ind.: ihr werdet erzogen werden, Inf.: erzogen werden werden, N.P.m.Pz.: die, die erzogen werden werden, 1.S.Ind.: ich werde entwaffnet werden, G.S.m./n.Pz.: dessen, der/das zerstört werden wird, 3.S.Ind.: er wird geschlossen werden, Inf.: verbrannt werden werden, 2.S.Ind.: du wirst gehört werden, D.P.f.Pz.: denen, die befreit werden werden, 3.P.Ind.: sie werden gepflanzt werden.

2) θεραπευ -θήσομαι, -θήσεσθαι, -θησόμενον, -θήσεται, ἐ-θεραπεύθητε, -θησόμεθα, -θῆναι, -θήσῃ, -θείς/-θεῖσα/-θέν, -θήσονται, -θησομένης.

3) λού -σειν, -σεσθαι, -θήσεσθαι.

4) λουόμεν -ος,	λελουμέν -ος,	λου -θείς,	λουθησόμεν -ος
-ης,	-ης,	-θείσης,	-ης
-ον,	-ον,	-θέν,	-ον
-οις,	-οις,	-θεῖσιν	-οις
-ους,	-ους,	-θέντας,	-ους

5) 1.S.Ind.Pr.mp., N.P.f.Pz.F.med., 1.S./3.P.Ind.Impf.akt., Inf.Aor.akt., 2.S.Ind. Pf.mp., 1.S.Ind.Pq.akt., 3.P.Konj.Pr.akt., Inf.F.pass., 1.S.Ind.Aor.med., 3.P.Ind. Impf.mp., D.S.f.Pz.Pf.akt., 2.S.Ind.Pq.mp., 3.S.Konj.Pr.akt. / 2.S.Ind./Konj. Pr.mp., Inf.F.med., 2.S.Imp.Pr.akt., 2.S.Imp.Aor.akt., G.S.m./n.Pz.Aor.akt., 3.S.Ind.F.akt.

D

I. **1.** Die Zeugen des wahrhaftigen Evangeliums sind von den Feinden Gottes gehindert worden; am Tage des Heils werden sie von ihrem Herrn erquickt werden mit ewiger Freude. – **2.** Die bösen Werke der Menschen werden im Feuer des ewigen Gerichts verbrannt werden. – **3.** Siehe, ich sage euch ein Geheimnis: Wir werden nicht alle entschlafen, wir werden aber alle verwandelt werden, im Nu, in einem Augenblick, bei der letzten Posaune. – **4.** Und die Toten werden auferweckt werden unvergänglich (als Unverwesliche), und wir werden verwandelt werden. – **5.** Und es wird verkündigt werden dieses Evangelium der Königsherrschaft (des Reiches) auf der ganzen Erde allen Völkern zu einem Zeugnis, und dann wird das Ende kommen. – **6.** Denn es wird erweckt werden (ein) Volk gegen (ein anderes) Volk und Königreich gegen Königreich, und es werden hin und her Hungersnöte und Erdbeben sein.

Lektion 46 C

1) a) Die erste Stammform (das Pr.) ist ja jeweils schon angegeben.
πιστεύσω, ἐπίστευσα, πεπίστευκα
κυριεύσω, ἐκυρίευσα, κεκυρίευκα
λύ-σω, ἔ-λυ-σα, λέ-λυ-κα
βασιλεύ-σω, ἐ-σα, βε-κα
κωλύ-σω, ἐ-σα, κε-κα
ἀπολύσω, ἀπέλυσα, ἀπολέλυκα
θεραπεύ-σω, ἐ-σα, τε-κα
μαθητεύ-σω, ἐ-σα, με-κα
φονεύ-σω, ἐ-σα, πε-κα
καύσω, ἔκαυσα, κέκαυκα
ἐνδύσω, ἐνέδυσα, ἐνδέδυκα
b) ἀναπαύσω, ἀνέπαυσα, ἀναπέπαυκα
εἰρηνεύσω, ᾑρήνευσα, ᾑρήνευκα
νηστεύσω, ἐνήστευσα, νενήστευκα
ἰσχύσω, ἴσχυσα, ἴσχυκα

2) πεπίστευμαι, ἐπιστεύθην, πιστευθήσομαι
κε-κυρίευ-μαι, ἐ-θην, -θήσομαι
λέ-λυ-μαι, ἐ-θην, -θήσομαι

βε-βασίλευ-μαι, ἐ-θην, -θήσομαι
κε-κώλυ-μαι, ἐ-θην, -θήσομαι
ἀπολέλυμαι, ἀπελύθην, ἀπολυθήσομαι
τεθεράπευμαι, ἐθεραπεύθην, θεραπευθήσομαι
μεμαθήτευμαι, ἐμαθητεύθην, μαθητευθήσομαι
πεφόνευμαι, ἐφονεύθην, φονευθήσομαι
κέκαυμαι, ἐκαύθην, καυθήσομαι
ἐνδέδυμαι, ἐνεδύθην, ἐνδυθήσομαι

3) Das Präsens Akt. ist jeweils angegeben. Der Präsensstamm ist durch „-" ersetzt.
δουλεύ-σω, ἐ-σα, δε-κα; δε-μαι, ἐ-θην, -θήσομαι
ἀναλύσω, ἀνέλυσα, ἀναλέλυκα; ἀναλέλυμαι, ἀνελύθην, ἀναλυθήσομαι
φυτεύ-σω, ἐ-σα, πε-κα, πε-μαι, ἐ-θην, -θήσομαι
θύσω, ἔθυσα, τέθυκα, τέθυμαι, ἐτύθην, τυθήσομαι

4) κλεί-σω, ἔ-σα, κέ-κα, κέ-σμαι, ἐ-σθην, κλεισθήσομαι
χρί-σω, ἐ-σα, κέ-κα, κέ-σμαι, ἐ-σθην, -σθήσομαι
κελεύ-σω, ἐ-σα, κε-κα, κε-σμαι, ἐ-σθην, -σθήσομαι

5) Angegeben ist a) die Stammform, b) die zu unterstreichenden Buchstaben (außer Endung) und c) die Bestimmung.
Pr.akt. | (ἐ) | 1.S./3.P.Impf.akt., Aor.pass. | θ | 3.S.Konj.Aor.pass., Aor.akt. | σα | Inf.Aor.med., Pf.akt. | ἐπε, κει | 3.P.Pq.akt., F.akt. | σ, μεν- | G.P.m./f./n.Pz.F. med., Pr.akt. | | 3.P.Imp.Pr.mp., F.pass. | θησ | 2.S.Ind.Fut.pass., Pf.mp. | πε | 3.S.Ind.Pf.mp., Aor.pass. | θεντ | A.P.m.Pz.Aor.pass., Pr.akt. | (ἐ) | 2.S.Ind.Impf.mp., Aor.akt. | σα | 3.S.Imp.Aor.akt., Aor.akt. | σ | 2.S.Imp.Aor.akt. / F.akt. | σ | N./A.S.n.Pz.F.akt., Pf.akt. | πε, κ | G.S.m./n.Pz.Pf.akt., Pr.akt. | | D.S.m./n.Pz.Pr.akt., Aor.akt. | jeweils σ | 2.S.Imp.Aor.med. / Inf.Aor.akt., F.pass. | θησ | Inf.F.pass., Pf.mp. | πε | Inf.Pf.mp., Aor.pass. | θη | 2.S.Imp.Aor.pass.

6) ἀπολύω, ἀπολύσω, ἀπέλυσα, ἀπολέλυκα, ἀπολέλυμαι; εἰρηνεύω, εἰρηνεύσω; σείω, σείσω, ἔσεισα; χρίω, χρίσω, ἔχρισα, κέχρικα, κέχρι(σ)μαι, ἐχρίσθην; κωλύω, κωλύσω, ἐκώλυσα; φυτεύω, φυτεύσω, ἐφύτευσα, πεφύτευκα, πεφύτευμαι; καίω, καύσω; φονεύω; βασιλεύω, βασιλεύσω, ἐβασίλευσα; δουλεύω; θεραπεύω, θεραπεύσω, ἐθεράπευσα, τεθεράπευκα; θύω, θύσω, ἔθυσα; ἀναπαύω, ἀναπαύσω; κελεύω, κελεύσω, ἐκέλευσα, κεκέλευκα, κεκέλευσμαι, ἐκελεύσθην, κελευσθήσομαι; κλείω, κλείσω; σείω; νηστεύω.

7) ἀναπαύσομαι, ἀνεπαυσάμην, ἀναπέπαυμαι;
βουλεύσομαι, ἐβουλευσάμην, βεβούλευμαι;
πολιτεύσομαι, ἐπολιτευσάμην, πεπολίτευμαι;
στρατεύσομαι, ἐστρατευσάμην, ἐστράτευμαι;
πορεύσομαι, ἐπορεύθην, πεπόρευμαι.

D

I. **1.** Paulus war ein Eiferer des Gesetzes und der Überlieferungen der Väter. Er kämpfte gegen die Gläubigen und hinderte sie auf dem Weg des Lebens. – **2.** Nachdem er von Jesus zum Jünger gemacht worden war, diente er seinem neuen Herrn in Liebe und Treue, hörte sein Wort und glaubte (vertraute) seinen Verheißungen. – **3.** Er war ein Herold Jesu Christi und reiste durch die Länder. –

4. In vielen Städten sagte er das Wort des Kreuzes (vom Kreuz). – **5.** Männer und Frauen, Söhne und Töchter hörten das Evangelium und glaubten (kamen zum Glauben) an den Sohn Gottes. Durch den Glauben wurden sie aus den Fesseln des Verderbens befreit. – **6.** Ihre Sünden wurden abgewaschen durch das Blut des Lammes Gottes, und durch das Wort des Lebens wurden sie erzogen, dem himmlischen Herrn und den Brüdern zu dienen. – **7.** Paulus war ein nützlicher Arbeiter und ein treuer Haushalter der Gnadengaben des Herrn. – **8.** Durch Gottes Gnade war er, was er war, und seine Gnade, die ihm (wö. in ihn hinein) (gegeben war), war nicht vergeblich.

E

μαθητεύω, μαθητεύσω, ἐμαθήτευσα, μεμαθήτευκα, μεμαθήτευμαι, ἐμαθητεύθην, μαθητευθήσομαι. N.S.m.Pz.Aor.pass.

δουλεύω, δουλεύσω, ἐδούλευσα, δεδούλευκα, δεδούλευμαι, ἐδουλεύθην, δουλευθήσομαι. 3.S.Ind.Aor.akt.

πιστεύω (vgl. C.1.a) 3.S.Ind.Impf.akt.

πορεύομαι (vgl. C.7) 3.S.Ind.Impf.mp.

ἀπολύω (vgl. C.6) 3.P.Ind.Aor.pass.

ἀπολούω, ἀπολούσω, ἀπέλουσα, ἀπολέλουκα, ἀπολέλουμαι, ἀπελούθην, ἀπολουθήσομαι. 3.P.Ind.Aor.pass.

δουλεύω (s.o.) Inf.Aor.akt.

Lektion 47 C

I. 1) D.S.m./n.: dem, G.S.f.: deren, G.P.m./f./n.: deren, N.P.m.: die, D.P.f.: denen, N.S.f.: die, N./A.P.n.: die, D.P.m./n.: denen, N.S.m.: der, D.S.f.: der, A.S.m.: den, N./A.S.n.: das, A.P.m.: die, N.P.f.: die, G.S.m./n.: dessen, A.S.f.: die, A.P.f.: die.

2) Vgl. Tab.8.6 (S. 234).

3) ἥ, ὧν, ᾧ, ἅς, ὅ, ὧν, οἷς, ὅς, ἅ, οἵ, ἧς, αἷς, ὅν, αἵ, ᾧ.

4) ἧς, ᾧ, οὕς, αἵ, ἅ, ἅ, ὅς, ὧν.

II. 1) 2.S.Ind.Pr.akt. (-ε-εις), 2.S.Ind.Impf.akt. (-ε-ες), 1.S.Ind./Konj.Pr.akt. (-ε-ω), 1.P.Ind.Pr.akt. (-ε-ομεν), 2.S.Ind.Aor.akt. (ε→ η), Inf.Pr.akt. (-ε-ειν), 3.P.Ind. F.akt./D.P.m./n.Pz.F.akt. (ε→ η), 2.S.Imp.Pr.akt. (-ε-ε), D.S.m./n.Pz.Aor.akt. (ε→ η), 2.P.Ind./Imp.Pr.akt. (-ε-ετε), 1.P.Ind.Pf.akt. (ε→ η), 1.S./3.P.Impf.akt. (-ε-ον), 1.S.Pq.akt. (ε→ η), 3.P.Ind./D.P.m./n.Pz.Pr.akt. (-ε-ουσιν), 3.P.Imp. Pr.akt. (-ε-ετωσαν), D.P.m./n.Pz.Pf.akt. (ε→ η), 2.P.Impf.akt. (ἐ-ε-ετε), 2.S.Konj.Pr.akt. (-ε-ῃς), 3.P.Konj.Pr.akt. (-ε-ωσιν), 1.S.Ind.F.akt./1.S.Konj. Aor.akt. (ε→η), 3.S.Imp.Pr. akt. (-ε-ετω).

2) Vgl. Tab. 11.1 (S. 243).

3) ποιεῖς, ποιῇς, ποίει, ἐποίεις
ποιοῦσιν, ποιῶσιν, ποιείτωσαν, ἐποίουν
ποιεῖτε, ποιῆτε, ποιεῖτε, ἐποιεῖτε
ποιεῖ, ποιῇ, ποιείτω, ἐποίει

D

I. **1.** Der Tröster (Beistand), den wir von ihm empfangen (erhalten), ist der Heilige Geist. – **2.** Die Menschen, die nicht an den Herrn glauben, bleiben unter dem Zorn Gottes. – **3.** Du hörst die Worte der Apostel, die jene vor der Volksmenge sagen. – **4.** Und ich habe (Ich habe auch) andere Schafe, die nicht aus diesem Hof sind. – **5.** Denn mein Zeuge ist Gott, dem ich in meinem Geist am (mit dem) Evangelium seines Sohnes diene. – 6. Das alte Gebot ist das Wort, das ihr gehört habt.

II. **1.** Am Anfang machte (schuf) Gott den Himmel und die Erde. – **2.** Ich danke meinem Gott durch Jesus Christus für euch alle. – **3.** … der seine Boten (Engel) zu Winden (Geistern) macht und seine Diener zu einer Feuerflamme. – **4.** Amen, amen (wahrlich, wahrlich), ich sage euch: Wer an mich glaubt, (auch jener) wird die Werke tun, die ich tue, und er wird größere als diese tun, weil ich zum Vater gehe. – **5.** Johannes gibt von ihm Zeugnis und sagt: Dieser war (es), den ich (an)sagte: Der, der nach mir kommt, ist vor mir gewesen, denn er war eher als ich (als erster vor mir).

III. **1.** Tue Buße (kehre um), und tue die ersten Werke! – **2.** Es kommt die Stunde, in der alle, die in den Gräbern (sind), seine Stimme hören werden, und es werden die(jenigen), die das Gute getan haben, hervorgehen zur Auferstehung des Lebens. – **3.** Denn ich bin nicht gekommen, Gerechte zu (be)rufen, sondern Sünder. – **4.** Jesus sagte (und sprach): Ich bin das Licht der Welt; wer mir nachfolgt, wird gewiß nicht in der Finsternis wandeln, sondern wird das Licht des Lebens haben. – **5.** Zwei Blinde folgten nach und sagten: Erbarme dich (über) uns, Sohn Davids! – **6.** Wer bekennt, daß Jesus der Sohn Gottes ist, in ihm (dem) bleibt Gott, und er (bleibt) in Gott.

Lektion 48 C

I. 1) G.S.m.u.f./n.: welches, welcher/welches, N.P.m.u.f.: welche, G.P.m.u.f./n.: welcher, A.S.m.u.f.: welchen, welche / N./A.P.n.: welche, N.S.m.u.f.: welcher, welche, A.P.m.u.f.: welche, D.P.m.u.f./n.: welchen, D.S.m.u.f./n.: welchem, welcher/welchem, N./A.S.n.: welches.
wessen, –, –, wen /–, wer, –, –, wem, was.
2) τίς, τίνες, τίνα, τίνος, τίνας, τίνων, τίς, τίνα, τίνι, τίνος, τίνων.

II. 1) 1.S.Ind.Pr.mp. (-ε-ομαι), 2.S.Imp.Pr.mp. (-ε-ου), Inf.Pr.mp. (-ε-εσθαι), 3.S.Konj.Pr.mp. (-ε-ηται), 2.S.Impf.mp. (-ε-ου), 2.S.Ind./Konj.Pr.mp. (-ε-ῃ) / 3.S.Konj.Pr.akt. (-ε-ῃ), 3.P.Imp.Pr.mp. (-ε-εσθωσαν), D.P.m./n.Pz.Pr.mp. (-ε-ομενοις), 1.P.Konj.Pr.mp. (-ε-ωμεθα), 2.P.Ind./Imp.Pr.mp. (-ε-εσθε), 3.P.Impf.mp. (-ε-οντο), 3.P.Ind.Pr.mp. (-ε-ονται), 3.S.Imp.Pr.mp. (-ε-εσθω), 2.S.Imp.Pr.akt. (-ε-ε), 1.P.Ind.Pr.mp. (-ε-ομεθα), 3.S.Ind.Pr.akt. (-ε-ει).

2) Vgl. Tab. 11.1 (S. 243).

3) κρατ -ώμεθα, -οῦ, ἐ-εῖτο, -ούμεθα, ἐ-ούμην, -εῖσθε, -εῖσθαι, -είσθωσαν, -ουμένῃ, -ῇ, -είσθω.

4) 2.S.Imp.Pr.akt.: folge, 1.P.Ind.Pr.akt.: wir dienen, 3.S.Ind.Pr.akt.: er segnet, 3.P.Ind.Pr.mp.: sie werden gesucht, 3.S.F.akt.: er wird lebendig machen,

N.P.m.Pz.Pr.akt.: die Dankenden, 1.P.Konj.Pr.akt.: (damit) wir bekennen, 1.S.Ind./Konj.Pr.akt.: ich sehe /(damit) ich sehe, 3.P.Ind.Pr.akt.: sie reden / D.P.m./n.Pz.Pr.akt.: denen, die reden, 2.S.Ind./Konj.Pr.mp.: du verneinst / (damit) du verneinst, 2.S.Ind.Aor.akt.: du hast dich bekehrt, G.S.m./n.Pz.Pr.akt.: des Rufenden, 3.S.Pf.mp.: er ist gerufen (worden), 1.S./3.P.Impf.akt.: ich/sie lästerte(n), Inf.Pr.akt.: wirken, 3.S.Imp.Pr.akt.: er soll dienen, 1.S.Pf.akt.: ich habe gemessen, Inf.Aor.akt.: umhergehen, 3.P.Ind.Aor.pass. (D.P.): sie haben sich gefürchtet, N.P.m.Pz.F.akt.: die, die tragen werden, N.S.m.Pz.Pr.akt.: bewachend, 3.S.Impf.mp.: er wurde gebaut, 3.P.Ind.Aor.akt.: sie haben diskutiert, 3.S.Imp. Aor.med.: er soll verleugnen, G.P.m./f./n.Pz.Pr.mp.: derer, die sich verteidigen, A.P.m.Pz.Pr.akt.: die Wachenden, 1.P.Ind.Aor.pass.: wir sind vernichtet worden, Inf.Pr.mp.: angeklagt werden, N.P.m.Pz.Aor.akt.: die, die weggegangen sind, 1.S.Ind.Pr.mp.: ich bekenne mich, 1.S./3.P.Impf.akt.: ich suchte auf / sie suchten auf, 2.P.Ind./Imp.Pr.mp.: ihr werdet vollendet / vollendet euch, 1.S./3.P.Impf.akt.: ich bemerkte / sie bemerkten, A.P.m.Pz.Pr.akt.: die Wohnenden, A.S.m.Pz.Pf.mp.: den, der geschmückt ist / N./A.S.n.Pz.Pf.mp.: das, das geschmückt ist, 3.P.Konj. Aor.akt.: damit sie erkennen, 2.P.F.akt.: ihr werdet klagen, 1.S.Ind.Pf.akt.: ich bin reich gewesen, N.P.m.Pz.Pr.akt.: die, die beharren, Inf.Pf.akt.: zu spät gekommen sein, 3.S.Ind.F.pass.: er wird Nutzen haben.

D

I. **1.** Nachdem ich von eurem Glauben (vom Glauben bei euch) an den Herrn Jesus und der Liebe zu allen Heiligen gehört habe, höre ich nicht auf, für euch zu danken (Partizip), indem ich in meinen Gebeten an euch gedenke. – **2.** Er sagte aber zu denen, die gerufen (eingeladen) waren, ein Gleichnis. – **3.** Der Sohn des Menschen ist nicht gekommen, um bedient zu werden, sondern um zu dienen und sein Leben (wö.: seine Seele) als Lösegeld für viele zu geben. – **4.** Ihr seid ein Brief Christi, der von uns ausgefertigt (wö.: bedient) worden ist. – **5.** Es wurden aber auch Jesus und seine Jünger zur Hochzeit geladen. – **6.** Und ich sah ein anderes großes und wunderbares (staunenswertes) Zeichen am Himmel, sieben Engel, die die sieben letzten Plagen hatten; denn in ihnen ist der Zorn Gottes vollendet worden (zur Vollendung gekommen). – **7.** Treu ist Gott, durch den ihr in die Gemeinschaft seines Sohnes Jesus Christus, unseres Herrn, berufen worden seid.

II. **1.** Fürchte dich nicht, glaube nur! – **2.** Sogleich aber sagte Jesus zu ihnen (und sprach): Ich bin's, fürchtet euch nicht! – **3.** Als er aber den Wind sah, fürchtete sich Petrus. – **4.** Du kannst mir jetzt nicht (nach)folgen, aber du wirst mir später nachfolgen. – **5.** Der Vater erkannte nun, daß es in jener Stunde war, in der Jesus zu ihm gesagt hatte: Dein Sohn lebt! Und er glaubte, er selbst und sein ganzes Haus.

Lektion 49 C

1. Vgl. Tab.11.2 (S. 244).

2. In Klammern steht die unkontrahierte Form.
πλανῶ (πλανα-ω), ἐπλανᾶσθε (-α-εσθε), πλάνα (-α-ε), πλανᾶσθαι (-α-εσθαι), πλανάτωσαν (-α-ετωσαν), πλανᾶται (-α-ηται), πλανῶ (-α-ου), πλανᾶν

(-α-ειν), ἐπλανώμεθα (-α-ομεθα), πλανωσῶν (-α-ουσων), πλανᾶται (-α-εται), πλανωμένῳ (-α-ομενῳ), ἐπλάνων (-α-ον).

3) 2.P.Ind./Konj./Imp.Pr.akt. (-α-ετε/-α-ητε/-α-ετε), 1.S.Ind./Konj.Pr.akt. (-α-ω) / 2.S.Imp.Pr.mp. (-α-ου), 1.S.Impf.mp. (-α-ομην), 2.P.Ind./Konj./Imp.Pr.akt. (-α-εσθε/-α-ησθε/-α-εσθε), 3.S.Ind.Pr.akt. (-α-ει) / 3.S.Konj.Pr.akt. (-α-ῃ) / 2.S.Ind./Konj.Pr.mp. (-α-ῃ), 2.S.Ind./Konj.Pr.akt. (-α-εις/-α-ῃς), 3.S.Imp.Pr.akt. (-α-ετω), 1.P.Ind./Konj.Pr.mp. (-α-ομεθα/-α-ωμεθα), 3.S.Imp.Pr.mp. (-α-εσθω), Inf.Pr.akt. (-α-ειν), G.P.m./f./n. (-α-ομενων), 3.P.Ind./Konj.Pr.akt. / D.P.m./n., Pz.Pr.akt. (-α-ουσιν/ -α-ωσιν), Inf.Pr.mp. (-α-εσθαι), 3.S.Ind./Konj.Pr.mp. (-α-εται/-α-ηται), 1.S./3.P.Impf.akt. (-α-ον), A.S.m./N./A.P.n.Pz.Pr.akt. (-α-οντα), N.P.f.Pz.Pr.akt. (-α-ουσαι), 3.P.Ind./Konj.Pr.mp. (-α-ονται/-α-ωνται), 3.S.Impf.akt. (-α-ε(ν)).

4) 2.S.Ind./Konj.Pr.akt.: du liebst / (damit) du liebst, 2.S.F.akt.: du wirst fragen, 3.S.Impf.akt.: er rief, 1.P.Ind./Konj.Pr.mp.: wir rühmen uns / (damit) wir uns rühmen, N.P.m.Pz.Pr.akt.: die, die wagen, 1.S./3.P.Impf.akt.: ich starb / sie starben, N.S.m.Pz.Aor.akt.: erzeugt habend, 3.S.Impf.mp.: er täuschte sich, Inf. Pr.akt.: schweigen, D.S.m./n.Pz.Pf.akt.: dem, der/das sich gemüht hat, 3.P.F.akt.: sie werden hinablassen, 2.P.Ind./Konj./Imp.Pr.mp.: ihr seht / (damit) ihr seht / seht, 2.S.Imp.Pr.mp. / 2.S.Impf.mp.: heile / du heiltest, 3.S.Ind./Konj.Pr.akt.: er ehrt / (damit) er ehrt / 2.S.Ind./Konj.Pr.mp.: du wirst geehrt / (damit) du geehrt wirst, 3.S.Imp.Pr.akt.: er soll hinablassen, 1.S.Ind.Aor.med.: ich habe gebraucht, 3.P.Imp.Pr.akt.: sie sollen lachen, 2.S.Konj.Aor.pass.: (damit) du gebrochen wirst, 3.S.Ind./Konj.Pr.akt.: er hungert / damit er hungert, 3.P.Ind.Aor.akt.: sie haben gefragt, 2.S.Imp.Aor.akt.: schilt, Inf.Aor.akt.: hinkommen, A.P.m.Pz.Pr.akt.: die Erwartenden, 1.S./3.P.Impf.akt.: ich schwieg / sie schwiegen.

D

I. **1.** Und du sollst (wirst) den Herrn, deinen Gott, lieben aus deinem ganzen Herzen und aus deiner ganzen Seele und aus deiner ganzen Kraft. – **2.** Und mit vielen Ehren ehrten sie uns. – **3.** Und viele Lügenpropheten werden viele verführen. – **4.** Wer nicht liebt, bleibt im Tode. – **5.** Nachdem er die Seinen, die in der Welt (waren), geliebt hatte, liebte er sie bis zum Ende. – **6.** Und Jesus rief mit lauter (großer) Stimme. – **7.** Es schwieg aber die ganze Menge. – **8.** Denn in Christus Jesus habe ich euch durch das Evangelium gezeugt (geboren). – **9.** Meister, obwohl (nachdem) wir uns durch die ganze Nacht abgemüht haben, haben wir nichts gefangen (erhalten), aber auf dein Wort (hin) werde ich die Netze hinablassen (auswerfen). – **10.** Der Hohepriester (be)fragte nun Jesus über seine Jünger und über seine Lehre.

II. **1.** Wer aber mich liebt, der wird von meinem Vater geliebt werden, und (auch) ich werde ihn lieben. Laßt euch nicht verführen. – **2.** Wer liebt, ist aus Gott geboren (worden). – **3.** Wir rühmen uns (laßt uns uns rühmen) wegen der Hoffnung der Herrlichkeit Gottes. – **4.** Nicht allein vom Brot wird der Mensch leben, sondern von jedem Wort, das durch den Mund Gottes (aus)geht. – **5.** Und wir haben seine Herrlichkeit angeschaut. – **6.** Seid nicht auch ihr verführt worden? – **7.** Es soll sich aber der Niedrige (in) seiner Hoheit rühmen, der Reiche aber seiner Niedrigkeit. – **8.** Der Gerechte aber wird aus Glauben leben. – **9.** Das Brot, das wir brechen, ist es nicht die Gemeinschaft des Leibes Christi? – **10.** Gebt aber acht, eure Gerechtigkeit nicht vor den Menschen zu tun, um von ihnen gesehen zu werden.

Lektion 50 C

1) Vgl. für ἐμός und σός Tab. 8.2 und 4.2, für ἡμέτερος Tab. 8.2 und 4.1.

2)

αὐτ	-ός	-ή	-ό	-οί	-αί	-ά	(fehlt ab
	-οῦ	-ῆς	-οῦ	-ῶν	-ῶν	-ῶν	5. Auflage)
	-ῷ	-ῇ	-ῷ	-οῖς	-αῖς	οῖς	
	-όν	-ήν	-ό	-ούς	-άς	-ά	

3) derselbe Sauerteig, der Trauer selbst, ich sehe sie, die Quellen selbst, du besiegst ihn, seine Scheune, dieselben Zelte, ihrem Kamel, ihres Wassers, er opferte es, den Toren selbst.

4) (In Klammern ist die unkontrahierte Form angegeben.)
1.S.Ind./Konj.Pr.akt. (-ο-ω), 3.P.Ind.Pr.mp. (-ο-ονται), Inf.Pr.akt. (-ο-ειν; Inf.-Bildung wie 49 B Kästchen) / N./A.S.n.Pz.Pr.akt. (-ο-ον), N.S.m.Pz.Pr.akt. (-ο-ων), 1.S./3.P.Impf.akt. (-ο-ον), 3.S.Ind.Pr.mp. (-ο-εται), 1.P.Konj.Pr.akt. (-ο-ωμεν), 2.P.Ind./Imp.Pr.akt. (-ο-ετε), 2.S.Impf.mp. (-ο-ου), 2. S.Ind./Konj.Pr. akt. (-ο-εις / -ο-ῃς), 2.P.Ind./Imp.Pr.mp. (-ο-εσθε), 1.P.Konj.Pr.mp. (-ο-ωμεθα), 3.S.Impf.akt. (-ο-ε), 3.S.Ind./Konj.Pr.akt. (-ο-ει/ῃ) / 2. Sg.Ind./Konj.Pr.mp. (-ο-ῃ)

5) Vgl. Tab. 11.3 (S. 245).

6) τελειῶ, ἐτελειοῦσθε, τελείου, τελειοῦσθαι, τελειούτωσαν, τελειῶται, τελειοῦ, τελειοῦν, ἐτελειούμεθα, τελειουσῶν, τελειοῦται, τελειουμένῳ, ἐτελείουν.

D

I. **1.** Mein Königreich ist nicht von dieser Welt. – **2.** Dein Wort ist Wahrheit. – **3.** Euch gehört (euer ist) die Königsherrschaft Gottes. – **4.** Und er selbst ist (die) Sühnung (Sühnopfer) für unsere Sünden, nicht allein aber für die unseren, sondern auch für (die) der ganzen Welt. – **5.** Daher (nun) sagt Jesus zu ihnen: Meine Zeit (mein Zeitpunkt) ist noch nicht da; aber eure Zeit (euer Zeitpunkt) ist immer bereit. – **6.** Ich bitte für sie, nicht für die Welt bitte ich, sondern für die, die du mir gegeben hast, denn sie gehören dir (sind dein), und alles, was mein ist, ist dein, und das Deinige ist mein.

II. **1.** Eifert (bemüht euch) aber um die größeren Gnadengaben. – **2.** Es war aber die dritte Stunde, und sie kreuzigten ihn, und es war die Aufschrift seiner Beschuldigung (Anklage) geschrieben worden: König der Juden. – **3.** Und ihr werdet die Wahrheit erkennen, und die Wahrheit wird euch befreien (frei machen). – **4.** Mit wem aber soll (werde) ich dieses Geschlecht vergleichen? – **5.** Aber weil ich euch dieses gesagt habe, hat Traurigkeit euer Herz erfüllt. – **6.** Meint nicht, daß ich gekommen bin (sei), das Gesetz oder die Propheten aufzulösen; ich bin nicht gekommen, um aufzulösen, sondern um zu erfüllen.

Lektion 51 C

1) Vgl. Tab. 8.5 und 8.1 (S. 234 und 233).

2) σεαυτῆς: Du gedenkst *deiner.* ἑαυτούς: Sie sehen *sich.* ἡμῖν αὐταῖς / ἑαυταῖς: Wir sagen *uns* ... ὑμῶν αὐτῶν / ἑαυτῶν: Ihr gedenkt *euer.* ἑαυτόν: Er wäscht *sich.* ἐμαυτῇ: Ich gebe *mir* ... σεαυτόν: Du hörst *dich.* ἑαυτῇ: Sie sagt *sich* ... ὑμᾶς αὐτάς / ἑαυτάς: Ihr seht *euch.*

3)

ὅστις	οἵτινες	ἥτις	ὅ τι
οὗτινος	ὧντινων	ἧστινος	οὗτινος
ᾧτινι	οἷστισιν	...	...
ὅντινα	οὕστινας		

Die Formen des Relativpronomens findet man in Tab. 8.6, die des Interrogativpronomens in Tab. 8.4.

4) ὅστις, ὧντινων, ᾧτινι, οὕστινας, αἵτινες, οὗτινος, οἷστισιν, ὅ τι

D

I. **1.** Du kommst nicht von dir selbst (nicht von dir aus). – **2.** Schaut auf euch selbst! – **3.** Und sie haben keine Wurzel in sich selbst, sondern sie sind unbeständig. – **4.** Wir verkündigen nicht uns selbst, sondern Christus als Herrn, uns selbst aber als Knechte um des Herrn willen. – **5.** Deshalb habe ich mich auch nicht würdig erachtet, zu dir zu kommen; aber sprich nur ein Wort, und mein Sohn (Knecht) soll geheilt werden.

II. **1.** Ein neues Gebot gebe ich euch, damit (daß) ihr einander liebt, wie ich euch geliebt habe, damit auch ihr einander liebt. – **2.** Wenn wir aber im Licht wandeln, wie er selbst im Licht ist, haben wir Gemeinschaft miteinander, und das Blut Jesu, seines Sohnes, reinigt uns von jeder Sünde. – **3.** Denn ihr seid zur Freiheit berufen worden, Brüder; allein (macht) die Freiheit nicht zum Anlaß für das Fleisch, sondern dient einander durch die Liebe.

III. **1.** Aber ihr seid gerechtfertigt worden durch den Namen des Herrn Jesus Christus und durch den Geist unseres Gottes. – **2.** Jeder nun (folglich), der diese meine Worte hört und sie tut, wird (mit) einem verständigen (klugen) Mann verglichen werden, welcher sein Haus auf den Felsen gebaut hat. – **3.** Wer sich aber selbst erhöhen wird, wird erniedrigt werden, und wer sich selbst erniedrigen wird, wird erhöht werden. – **4.** Nachdem wir nun gerechtfertigt worden sind aus (dem) Glauben, haben wir Frieden mit Gott (zu Gott hin) durch unseren Herrn Jesus Christus, durch welchen wir auch den Zugang bekommen (gehabt) haben durch den Glauben zu dieser Gnade. – **5.** Wenn wir einander lieben, bleibt Gott in uns, und seine Liebe ist in uns vollendet (worden) (zur Vollendung gekommen). – **6.** Nun aber, nachdem ihr von der Sünde befreit, Gott aber zu Sklaven gemacht worden seid, habt ihr eure Frucht zur Heiligung, als Ziel aber ewiges Leben. – **7.** Nun aber komme ich zu dir, und ich sage dies in der Welt, damit sie meine Freude vollkommen in sich selbst haben. – **8.** Wir sehen Jesus aufgrund des Todesleidens mit Ehre und Herrlichkeit gekrönt, wie er durch Gottes Gnade für jeden den Tod schmeckt(e).

E

D **III.** 1) 2.P.Ind.Aor.Pass., 2) 3.S.Ind.Pr.akt. (2x); 3.Sg.F.pass.; 3.S.Ind.Aor.akt., 3) 3.S.F.akt.; 3.S.F.pass. (beides 2x), 4) N.P.m.Pz.Aor.pass.; 1.P.Ind.Pr.akt. und s. Fußn., 5) 1.P.Konj.Pr.akt.; 3.S.Ind.Pr.akt.; N.S.f.Pz.Pf.mp.; 3.S.Ind.Pr.akt., 6) N.P.m.Pz.Aor.pass. (2x); 2.P.Ind./Imp.Pr.akt., 7) 1.S.Ind.Pr.mp. (D.M.), 1.S.Ind.Pr.akt.; 3.P.Konj.Pr.akt., A.S.f.Pz.Pf.mp., 8) 1.P.Ind.Pr.akt., A.S.m.Pz. Pf.mp.; 3.S.Konj.Aor.med.
ἀξιόω, ἀξιώσω, ἠξίωσα, ἠξίωκα, -μαι, -θην, ἀξιωθήσομαι, ἰάομαι, ἰάσομαι, ἰασάμην, ἴαμαι, ἰάθην, ἰαθήσομαι, ἀγαπάω, ἀγαπήσω, ἠγάπησα, -κα, -μαι, -θην, ἀγαπηθήσομαι, περιπατέω, περιπατήσω, περιεπάτησα, περιπεπάτηκα, -μαι, περιεπατήθην, περιπατηθήσομαι, καλέω, καλέσω, ἐκάλεσα, κέκληκα, κέκλημαι, ἐκλήθην ... δουλεύω = παιδεύω; δικαιόω, δικαιώσω usw.; ποιέω = περιπατέω, ὁμοιόω = δικαιόω (berücksichtigen Sie aber unterschiedliche Augmentierung), οἰκοδομέω = περιπατέω (berücksichtigen Sie aber unterschiedliche Augmentierung), ὑψόω = δικαιόω = ταπεινόω = τελειόω = ἐλευθερόω (berücksichtigen Sie aber unterschiedliche Augmentierung)

Lektion 52 C

1) N./A.S.n., G.P.m.u.f./n., D.P.m.u.f./n., N.S.m.u.f., G.Sm.u.f./n., D.S.m.u.f./n., N./A.P.m.u.f., A.S.m.u.f. / N./A.P.n.; N.S.m., D.S.m./n., N./A.P.m., N./A.S.n., G.S./A.P.f., N./A.P.n., D.P.f., A.S.m., D.P.m./n., G.P.f., G.S.m./n., G.P.m./n., D.S.f.; D.S.f., N./A.S.n., N.P.f., A.S.m. /N./A.P.n., N.S.f., G.P.f., G.P.m./n., N.P.m., N.S.m., D.P.f., D.P.m./n., G.S.f., G.S.m./n., A.P.f., D.S.m./n.

2) Vgl. Tab. 6.1, 6.2 und 6.3 (S. 231).

3) a) συγγεν -ῶν, -ῆ/-ές, -εῖς/-ῆ, -εῖ, -εῖς/-ῆ, -οῦς, -έσι(ν)
b) ὀξ -ύν, -εῖαι, -έσι(ν), -ύ, -είας, -εῖ, -εῖα, -έων, -ύς, -έα
c) μέλανος, μελαίναις, μέλανα, μελάνων, μέλαιναν, μέλανι, μέλαν, μελαίνης

D

I. **1.** Und es geschah ein großes Erdbeben, und die Sonne wurde schwarz wie ein Sack, aus Haaren (gemacht), und der ganze Mond wurde wie Blut. – **2.** Du kannst nicht ein Haar weiß machen oder schwarz. – **3.** Stephanus aber, voll Gnade und Kraft, tat Wunder und große Zeichen in (unter) dem Volk. – **4.** Lehrer, wir wissen, daß du wahrhaftig bist und den Weg Gottes in Wahrheit lehrst. – **5.** Ein neues Gebot schreibe ich euch, welches wahrhaftig ist in ihm und in euch, denn die Finsternis vergeht, und das wahrhaftige Licht scheint schon (bereits). – **6.** Seine Gebote sind nicht schwer. – **7.** Denn dein Herz ist nicht gerade (aufrichtig) vor Gott.

II. **1.** Der Mensch ging weg und sagte den Juden, daß es Jesus sei (ist), der ihn gesund gemacht habe. – **2.** Und (ihr) heilt die Kranken in ihr (der Stadt) und sagt ihnen: Nahe gekommen zu euch ist die Königsherrschaft Gottes. – **3.** Wir haben die Hoffnung wie einen sicheren und festen Anker der Seele. – **4.** Und wir haben seine Herrlichkeit geschaut, eine Herrlichkeit wie (die) des Einzigen (Sohnes) vom Vater (her), voller Gnade und Wahrheit. – **5.** Und Jesus sagte zu ihnen: Ein Prophet ist nicht ungeehrt (ist überall geehrt), außer in seinem Vaterland und unter seinen Verwandten und in seinem Haus.

E

1) Prädikative Wortstellung. Bedeutung: Zu einem weißen / weiß machen.

3) Das Reich Gottes ist da. Es ist mit der Person Jesu gekommen.

Lektion 53 C

1) F.akt.: ἁγιά -σω, -σεις T 10.5, ἐλπιῶ, -εῖς
F.med.: ἁγιά -σομαι, -σῃ T 10.6, ἐλπιοῦμαι, -ῇ

2) Aor.akt.: ἠγόρα -σα, -σας T 10.12
Aor.med.: ἠγορα -σάμην, -σω T 10.13

3) Pf.akt.: δεδοκίμα -κα, -κας T 10.8
Pq.akt.: ἐδεδοκιμά -κειν, -κεις T 10.9.

4) Pf.mp.: πεπείρα -σ-μαι, -σαι T 12.1.2.
Pq.mp.: ἐπεπειράσ -μην, -σο T 12.1.2.

5) 1.S.Ind.Aor.Med., ἀγωνίζομαι;
3.P.Ind.F.Akt./D.P.m./n.Pz.F.akt., ἁρπάζω;
1.S.Ind.Pf.mp., ἀσπάζομαι;
Inf.F.akt., ἐγγίζω;
Inf.Aor.akt., εὐαγγελίζω;
A.P.m.Pz.Pr.mp., σώζω/σῴζω;
3.S.Ind.Aor.akt., χρίω;
3.P.Konj.Aor.pass., δοξάζω;
3.S.Ind.Pf.mp., ἑτοιμάζω;
2.S.Konj.Aor.akt., θαυμάζω;
N./A.P.n.Pz.Pf.mp., καταρτίζω;
N.P.m.Pz.Aor.pass., κτίζω;
3.S.Imp.Pr.mp., λογίζομαι;
1.S.Ind.Pf.mp., πείθω;
Inf.Aor.pass., πειράζω;
3.P.Ind.F.pass., σκανδαλίζω;
3.S.Ind.Aor.med., φείδομαι;
3.S.Ind.Pf.mp., χαρίζομαι;
2.S.Ind.Aor.med., ψεύδομαι;
2.P.Imp.Aor.pass., ἀφορίζω;
3.S.Ind.Impf.akt., βασανίζω;
N.S.m.Pz.Aor.pass., δαιμονίζομαι;
2.P.Ind.Impf.mp., διαλογίζομαι;
N.P.m.Pz.Pf.mp., διαμερίζω;
1.S.Ind.F.akt./1.S.Konj.Aor.akt., ἐμφανίζω;
G.P.m./f./n.Pz.Pf.mp., κατασκευάζω;
2.P.Ind.F.med., κομίζω;
1.P.Konj.Aor.pass., ξενίζω;
Inf.Aor.akt., πιάζω;
3.S.Ind.Aor.pass., σπλαγχνίζομαι;
1.P.Konj.Aor.akt., σχίζω;
N.S.m.Pz.Pf.mp., χωρίζω.

Stammformen (auch in den folgenden Lektionen) s. T 19.3 (S. 276-278).

D

I. **1.** Und das ganze Volk, nachdem es (dies) gehört hatte, und die Zöllner gaben Gott recht, nachdem sie mit der Taufe des Johannes getauft worden waren. – **2.** Und ich habe ihnen deinen Namen bekanntgemacht, und ich werde ihn bekanntmachen, damit die Liebe, mit der du mich geliebt hast, in ihnen sei, und ich in ihnen. – **3.** Und die Völker werden auf seinen Namen hoffen. – **4.** In ihm seid auch ihr, nachdem ihr geglaubt habt, versiegelt worden mit dem Geist der Verheißung. – **5.** Diese sind erkauft worden aus den Menschen als Erstlingsgabe für Gott und das Lamm. – **6.** Kämpfe den guten Kampf des Glaubens, ergreife (empfange) das ewige Leben. – **7.** Dein Glaube hat dich gerettet (geheilt), und gerettet (geheilt) wurde die Frau. – **8.** Er hat mich gesalbt, Armen die Frohe Botschaft zu verkündigen. – **9.** Dies aber ist das Wort, das euch (als Evangelium) verkündigt worden ist. – **10.** Und ich heilige mich für sie, damit auch sie in Wahrheit geheiligt sind. – **11.** Und niemand wird sie aus meiner Hand rauben … und keiner kann sie aus der Hand des Vaters rauben . – **12.** Und dies waren einige von euch; aber ihr habt euch abwaschen lassen, aber ihr seid geheiligt worden, aber ihr seid gerechtfertigt worden durch den Namen des Herrn Jesus Christus und durch den Geist unseres Gottes.

II. **1.** Der sogar den eigenen Sohn nicht verschont hat, sondern hat ihn für uns alle dahingegeben, wie wird er uns mit ihm nicht auch alles schenken? – **2.** Vater, die Stunde ist gekommen; verherrliche deinen Sohn, damit der Sohn dich verherrliche. – **3.** Und wenn ich gehe und euch einen Ort zubereite, komme ich (wieder). – **4.** Denn sein Werk sind wir, durch Jesus Christus geschaffen worden zu guten Werken, welche Gott zuvor bereitet hat, damit wir in ihnen wandeln. – **5.** Keiner soll sagen, wenn er versucht wird: Von Gott werde ich versucht. – **6.** Dies habe ich euch gesagt, damit ihr keinen Anstoß nehmt. – **7.** Laßt uns nun eifrig (bemüht) sein, in jene Ruhe einzugehen. – **8.** Wenn wir sagen: Wir haben Gemeinschaft mit ihm, und wir wandeln in der Finsternis, lügen wir und tun nicht die Wahrheit.

Lektion 54 C

1) Aor.akt.: ἐδίω -ξα, -ξας T.10.12.
Aor.med.: ἐδιω -ξάμην, -ξω T. 10.13.

2) Pf.akt.: ἦχα, -ας; τέταχα, -ας; κέκραγα, -ας T. 10.8.
Pf.mp.: ἦγμαι, ἦξαι; τέταγμαι, -ξαι; — T 12.2.2.
Pq.akt.: ἤχειν, -εις; ἐτετάχειν, -εις; ἐκεκράγειν, -εις T. 10.9.
Pq.mp.: ἤγμην, -ξο; ἐτετάγμην, -ξο; — T. 12.2.2.

3) 2.P.Ind.F.pass., ἄγω
N.P.m.Pz.Aor.pass., ἀνάγω
N.P.m.Pz.Pf.mp., ταράσσω
N.S.m.Pz.Aor.med., ἄρχω
2.P.Ind.Fut.akt., διώκω
N.P.m.Pz.Aor.akt., ἀνοίγω
3.P.Ind.Aor.akt., κράζω
3.S.Ind.Impf.akt., παράγω

Inf.Aor.akt., ἐμπαίζω
3.P.Ind.Pr.akt. / D.P.m./n.Pz.Pr.akt., πράσσω
3.S.Ind.Pf.mp., στηρίζω
3.S.Ind.Pf.mp., τάσσω
N.S.f.Pz.Pr.akt., τίκτω
3.S.Konj.Aor.akt. / 2.S.Konj.Aor.med. / 2.S.Ind.F.med., ἐπιτάσσω
3.P.Imp.Pr.akt., φεύγω
2.S.Imp.Aor.akt., φυλάσσω
1.S.Ind.F.akt. / 1.S.Konj.Aor.akt., πατάσσω
N./A.S.n. / A.S.m.Pz.Pf.mp., σφάζω
3.P.Ind.F.med., ἀνέχομαι
2.P.Ind.Aor.med., προσδέχομαι

D

I. **1.** Ich kenne (weiß) deine Werke und die Mühe und deine Geduld, und daß du die Bösen nicht ertragen kannst, und du hast die geprüft , die sich selbst Apostel nennen. – **2.** Denn jeder, der Böses tut, haßt das Licht und kommt nicht zum Licht. – **3.** Und er wurde durch den Geist in die Wüste geführt, (wo er) vom Teufel 40 Tage versucht wurde. – **4.** Der Gott aber des Friedens, der aus den Toten den großen Hirten der Schafe heraufgeführt hat durch das Blut des ewigen Bundes, unseren Herrn Jesus, möge euch in allem Guten bereit machen, seinen Willen zu tun durch Jesus Christus, dem die Herrlichkeit (gehört) in alle Ewigkeit (wö. in die Ewigkeiten der Ewigkeiten). Amen. – **5.** Glücklich zu preisen sind, die um der Gerechtigkeit willen verfolgt worden sind, denn ihrer ist die Köngsherrschaft der Himmel. – **6.** Und das Evangelium muß zuerst (in) allen Völkern verkündigt werden. – **7.** Johannes bezeugt von ihm und ruft (sagend): Dieser war (es), von dem ich sagte: Der nach mir kommt, war vor mir gewesen, denn er war eher als ich.

II. **1.** Euer Herz soll nicht verwirrt werden; glaubt an Gott, und glaubt an mich. – **2.** Und die Frau floh in die Wüste, wo sie (dort) ein en Ort hat, der von Gott bereitet worden ist. – **3.** Glücklich zu preisen sind, die das Wort Gottes hören und bewahren. – **4.** Und sie gebar einen (männlichen) Sohn, der alle Völker mit einem eisernen Stab weiden wird (wö. im Begriff ist zu …); und ihr Kind wurde zu Gott und zu seinem Thron hin entrückt (geraubt). – **5.** Und Jesus sagt zu ihnen: Gemäß eurem Glauben soll euch geschehen. Und es wurden ihre Augen geöffnet.

III. **1.** Dein Name soll geheiligt werden, dein Reich soll kommen, dein Wille soll geschehen, wie im Himmel (so) auch auf Erde(n). – **2.** Ich bin die Tür; wenn jemand durch mich eingeht, wird er gerettet werden. – **3.** Ich sage (es) euch, bevor es geschieht, damit ihr glaubt, wenn es geschehen ist. – **4.** Der Himmel und die Erde werden vergehen, aber meine Worte werden keineswegs vergehen. – **5.** Herr, wenn du (es) bist, befiehl mir, auf dem Wasser zu dir zu kommen. Er aber sagte: Komm!

Lektion 55 C

1) Aor.akt.: ἔβλεψ -α, -ας T. 10.12.
Aor.med.: ἐβλεψ -άμην, -ω T. 10.13.

2) Pf.mp.: γέγρα -μμαι, -ψαι T. 12.3.2.
Pq.mp.: ἐγεγρά -μμην, -ψο T. 12.3.2.

3) Aor.pass.: ἐπέμφθη -ν, -ς T. 10.14.
F.pass.: πεμφθή -σομαι, -σῃ T. 10.7.

4) a) Pf.akt.: πεφύλαχ -α, -ας T. 10.8.
Pq.akt.: ἐπεφυλάχ -ειν, -εις T. 10.9.
b) Pf.akt.: κέκρυφ -α, -ας T. 10.8.
Pq.akt.: ἐκεκρύφ -ειν, -εις T. 10.9.

5) 3.S.Ind.F.pass. (ἀποκαλύπτω),
N.S.m.Pz.Pr.akt. (βλέπω),
3.S.Ind.Pf.mp. (γράφω),
3.S.Ind.Pr.akt. (λείπω),
3.S.Ind.Aor.akt. (ἐπιτρέπω),
3.S.Ind.Aor.pass. (πέμπω),
2.S.Ind.Aor.akt. (ἀποκαλύπτω),
A.S.f.Pz.Pf.mp. (γράφω),
3.S.Ind.Pf.mp. (κρύπτω),
2.S.Ind.F.akt. (κλέπτω),
3.P.Konj.Aor.pass. (ἀποκαλύπτω),
2.S.Imp.Aor.akt. / N./A.S.n.Pz.F.akt. (βλέπω),
3.S.Ind.Impf.akt. (γράφω),
D.S.m./n.Pz.Aor.akt. (πέμπω),
G.P.m./f./n.Pz.Pr.mp. (ἀναστρέφω),
A.S.m. / N./A.S.n.Pz.Pr.akt. (λείπω),
Inf.Aor.Pass. (ἀποκαλύπτω),
3.S.Imp.Pr.akt. (βλέπω),
Inf.Aor.akt. / 2.S.Imp.Aor.med. (γράφω),
1.S./3.P.Ind.Impf.akt. (τύπτω),
2.S.Konj.Pr.akt. (βλέπω),
3.S.Konj.Aor.pass. (ἀποκαλύπτω),
3.S.Konj.Pr.mp. (γράφω),
3.S.Imp.Aor.akt. (ἐπιστρέφω),
3.S.Ind.Aor.med. (ἅπτω),
1.S./3.P.Ind.Impf.akt. (ἐμβλέπω),
2.S.Ind.F.akt. (ἐγκαταλείπω),
2.S.Imp.Aor.akt. (ἐκκόπτω),
2.S.Imp.Aor.med. / Inf.Aor.akt. (θάπτω),
N.S.f.Pz.Pf.mp. (θλίβω),
2.S.Konj.Aor.akt. (νίπτω),
3.S.Ind.Pr.mp. (σέβομαι),
3.P.Ind.Aor.pass. (διαλέγομαι).

D

I. **1.** Und von mir selbst aus bin ich nicht gekommen, sondern er ist wahrhaftig, der mich gesandt hat. – **2.** Denn Gottes Gerechtigkeit wird in ihm offenbart aus Glauben in (zu) Glauben, gleichwie geschrieben ist: Der Gerechte aber wird aus Glauben leben. – **3.** Es ist nötig für uns, die Werke dessen zu wirken (od. Es ist nötig, daß wir ...), der mich gesandt hat, solange es Tag ist; es kommt (die) Nacht, da keiner wirken kann. – **4.** Tut also Buße und bekehrt euch, damit eure Sünden abgewischt (getilgt) werden. – **5.** Aber auch in eurem Gesetz ist (steht) geschrieben, daß das Zeugnis zweier Menschen wahr ist. – **6.** Denn ich hoffe, einige Zeit bei euch zu bleiben, wenn der Herr es erlaubt. – **7.** Folglich erinnere dich (daran), wovon du gefallen bist, und tue Buße und tue die ersten Werke. – **8.** Denn ihr wart wie Schafe, die verirrt sind, aber ihr seid nun zu dem Hirten und Aufseher (Bischof) eurer Seelen bekehrt worden.

II. **1.** Und ich weiß, daß sein Gebot ewiges Leben ist; was ich nun rede, sage ich so, wie der Vater zu mir gesprochen hat. – **2.** Euch aber habe ich Freunde genannt, denn alles, was ich von meinem Vater gehört habe, habe ich euch bekannt gemacht. – **3.** Niemand kann sagen : HERR (ist) JESUS, außer durch den Heiligen Geist. – **4.** Denn er selbst erkannte, was im Menschen war. – **5.** Und nun, Kindlein, bleibt in ihm, damit wir, wenn er offenbart wird, Zuversicht haben und nicht vor ihm beschämt werden bei (in) seiner Ankunft. – **6.** Jesus sagt zu ihm: Eine so lange Zeit bin ich bei euch, und du hast mich nicht erkannt, Philippus? – **7.** Die Jünger Jesu konnten ihn nicht heilen.

Lektion 56 C

1) F.akt.: ἀγγελ -ῶ, -εῖς T. 13.1.
F.med.: ἀγγελ -οῦμαι, -ῇ T. 13.1.
Pz.F.akt.: ἀγγελ -ῶν, -οῦσα, -οῦν T. 13.1.
Pz.F.med.: ἀγγελ -ούμεν -ος, -η, -ον T. 13.1.

2) Aor.akt.: ἔδειρ -α, -ας T. 13.1.
Aor.med.: ἐδειρ -άμην, -ω T. 13.1.

3) (in 1. u. 2. Aufl. **4**)
N.S.f.Pz.Pr.akt. (ἀγγέλλω),
1.S.Ind.Aor.akt. (ἀποστέλλω),
3.S.Ind.Pr.mp. (βάλλω),
3.P.Ind.Aor.akt. (δέρω),
3.P.Imp.Pr.akt. (διακρίνω),
3.S.Ind.F.akt. (ἀπαγγέλλω),
3.S.Ind.Aor.med. (ἀποκρίνομαι),
3.S.Konj.Aor.akt. / 2.S.Konj.Aor.med. (ἀποστέλλω),
N.P.m.Pz.Pr.akt. (βάλλω),
2.S.Ind.Aor.akt. (σπείρω),
2.P.Ind./Imp.Pr.mp. (φαίνω),
3.S.Ind.Pr.akt. (ἀπαγγέλλω),
2.P.Imp.Aor.pass. (ἀποκρίνομαι),
3.S.Ind.Aor.akt. (ἀποστέλλω),
2.S.Ind.Fut.pass. (βάλλω),
D.S.m./n.Pz.Pr.akt. (φαίνω),
N.P.m.Pz.Aor.akt. (δέρω),
3.S.Ind.Pf.akt. (ἀποστέλλω),
3.P.Konj.Pr.akt. (φαίνω),
1.S./3.P.Ind.Impf.akt. (ἀπαγγέλλω),
N.P.m.Pz.Pr.akt. (δέρω),

Inf.Aor.akt. (ἀποστέλλω),
3.P.Ind.Pr.akt. / D.P.m./n.Pz.Pr.akt. (σπείρω),
2.P.Imp.Aor.akt. (ἀπαγγέλλω),
A.S.m. / N./A.P.n.Pz.Aor.akt. (ἀποστέλλω),
1.P.Ind.Impf.akt. (διακρίνω),
3.P.Ind.Aor.pass. (βάλλω),
2.S.Ind.Pr.akt. (σπείρω),
3.S.Ind.F.akt. (ἀποστέλλω),
Inf.Aor.akt. (διακρίνω),
3.S.Ind.Aor.pass. (ἀποκρίνομαι),
2.S.Ind./Konj.Pr.mp. / 3.Sg.Konj.Pr.akt. (ἀποστέλλω),
G.S.m./n.Pz.Pf.akt. (βάλλω),
3.S.Ind.Pr.akt. (δέρω),
A.S.m. / N./A.P.n.Pz.Aor.akt. (διακρίνω),
D.S.m./n.Pz.Aor.akt. (σπείρω),
1.P.Ind.Pr.akt. (ἀπαγγέλλω),
Inf.Aor.pass. (ἀποκρίνομαι),
3.P.Ind.Aor.akt. (ἀποστέλλω),
2.S.Konj.Aor.med. u. 2.S.Ind./Konj.Pr.mp. u. 3.S.Konj.Pr./Aor.akt. (σπείρω),
2.P.Ind.Pf.akt. (ἀποστέλλω),
2.P.Konj.Aor.pass. (ἀποκρίνομαι),
N.S.m.Pz.Pf.mp. (ἀποστέλλω),
N.S.m.Pz.Pr.akt. (ἀπαγγέλλω),
N.S.m.Pz.Aor.akt. (ἀνακρίνω),
3.S.Ind.Aor.med. (ἐπαγγέλλομαι),
N./A.S.n.Pz.Pr.akt. (γέμω),
3.S.Ind.Aor.med. (διαμαρτύρομαι),
2.S.Ind.F.akt. (ἐκτείνω),
1.S./3.P.Ind.Impf.akt. (καταγγέλλω),
1.S.Ind.F.akt. (ἐξαποστέλλω),
3.S.Konj.Aor.pass. (ἐπαισχύνομαι),
D.P.m./n.Pz.F.akt. / 3.P.Ind.F.akt. (ἐπιβάλλω),
N./A.P.n.Pz.Pf.mp. (παραγγέλλω),
3.P.Ind.Impf.mp. (καταισχύνω),
A.P.m.Pz.Pf.mp. (περιβάλλω),
3.S.Ind.Pf.mp. (ἐντέλλομαι),
2.S.Imp.Aor.pass. (εὐφραίνω),
3.P.Konj.Pr.akt. (ὑγιαίνω),
2.S.Imp.Pr.akt. (ἐπιμένω).

D

I. **1.** Seufzt nicht gegeneinander, Brüder, damit ihr nicht gerichtet werdet! – **2.** Wer zum Glauben gekommen und getauft worden ist, wird gerettet werden; wer aber nicht geglaubt hat, wird verurteilt (gerichtet) werden. – **3.** Und geht schnell hin (nachdem ihr schnell hin gegangen seid) (und) sagt seinen Jüngern: Er ist von den Toten auferweckt (worden), und siehe, er geht vor euch nach Galiläa (hin), dort werdet ihr ihn sehen. Siehe, ich habe es euch gesagt. – **4.** Denn wenn sie von (aus) uns gewesen wären, wären sie bei uns geblieben. – **5.** Und Jesus antwortete (und sprach zu) ihnen: Geht hin und verkündet Johannes, was ihr hört und seht. – **6.** Siehe, der Sämann ist ausgegangen, um zu säen; und während er säte, fiel das eine auf den Weg (wö. den Weg entlang). – **7.** Da wir aber den gleichen (denselben) Geist des Glaubens haben, gemäß dem, was geschrieben ist: Ich habe geglaubt, darum habe ich geredet!, glauben auch wir, darum reden wir auch, weil wir wissen, daß der, der den Herrn Jesus auferweckt hat, auch uns auferwecken und mit euch vor sich stellen wird. – **8.** Gleichwie mich der Vater geliebt hat, habe auch ich euch geliebt; bleibt in meiner Liebe.

II. **1.** Wer einen Propheten im Namen eines Propheten aufnimmt, wird (den) Lohn eines Propheten empfangen, und wer einen Gerechten im Namen eines Gerechten aufnimmt, wird (den) Lohn eines Gerechten empfangen. – **2.** Denn allezeit habt ihr (die) Armen bei euch, und wenn ihr wollt, könnt ihr ihnen wohl (Gutes) tun, aber mich habt ihr nicht allezeit. – **3.** Aus seiner Fülle haben wir alle empfangen, und (zwar) Gnade um (anstelle von) Gnade. – **4.** Wenn der Herr will, werden wir (auch) leben und dieses oder jenes tun. – **5.** Gedenke nun, wie du empfangen und gehört hast, und halte (es) und tue Buße. – **6.** Ich komme schnell (bald); halte, was du hast, damit niemand deine Krone (deinen Siegeskranz) nehme. – **7.** Sie werden den Sohn des Menschen sehen, kommend auf den Wolken des Himmels mit Macht und großer Herrlichkeit. – **8.** Und du hast ihn gesehen, und der mit dir redet, jener ist (es). – **9.** Wer mich gesehen hat, hat den Vater gesehen.

Lektion 57 C

1) ἔβαλ -ον, -ες; Stamm: βαλ- T. 14.1 u. 14.2 (S. 249f).

2) 3.S.Imp.Aor.akt., N./A.P.n.Pz.Pr.mp., 3.P.Konj.Aor.akt., G.S.m./n.Pz.Pf.akt., 3.S.Ind.Aor.pass., 2.P.Konj.Aor.akt., Inf.Aor.akt., 1.S./3.P.Ind.Aor.akt., 2.S.Imp.Pr.akt., 3.P.Ind.F.med. (D.M.), 3.P.Imp.Pr.akt., N.S.m.Pz.Aor.akt., 3.S.Ind.Pr.mp., 2.S.Ind.F.pass., 2.S.Imp.Aor.akt., 3.S.Konj.Aor.pass., 3.S.Konj.Aor.med., 3.P.Ind.Pr.akt. / D.P.m./n.Pz.Pr.akt., Inf.Aor.akt., N.P.m.Pz.Pr.akt., 1.S./3.P.Ind.Aor.akt., Inf.Aor.akt., 2.P.Ind.Aor.akt., 1.S./3.P.Ind.Aor.akt., 2.S.Ind.F.med., 3.S.Ind.Aor.akt., 2.S.Imp.Pr.akt., 2.S.Ind.Aor.akt., N.P.m.Pz.Pr.akt., 2.P.Konj.Aor.akt., 3.S.Konj.Aor.akt. / 2.S.Konj.Aor.med, 3.P.Ind.Pr.mp., 2.P.Ind.F.pass., Inf.Aor.akt., 2.P.Ind.Impf.mp., 3.S.Ind.F.akt., N./A.P.n.Pz.Pr.mp., 3.S.Ind.Aor.med., Inf.Aor.med., 2.P.Imp.Aor.akt., N.S.m.Pz.Aor.akt., 2.P.Ind.F.akt., 1.S./3.P.Ind.Aor.akt., N.S.m.Pz.Aor.akt., 3.S.Ind.Aor.akt.

3) ἐγράφ -ην, -ης T. 14.3 (S. 250).

4) 3.S.Ind.Aor.pass., 3.S.Konj.Aor.pass., Inf.Aor.pass., 3.S.Ind.F.pass., 3.S.Imp.Aor.pass., 2.S.Ind.Aor.pass., 3.P.Konj.Aor.pass., N.S.m.Pz.Aor.pass., 1.S.Ind.Aor.pass., 2.S.Ind.F.pass., A.S.m. u. N./A.S.n.Pz.Pf.mp., 3.P.Ind.Aor.pass., N./A.S.n.Pz.Aor.pass., Inf.Aor.pass.

5) 3.S.Ind.Aor.akt., 3.S.Ind.Pr.akt., G.P.m./n.Pz.Pr.akt., 3.P.Ind.Aor.akt., 3.S.Ind.Pf.akt., A.S.m. / N./A.P.n.Pz.Pr.akt., 2.P.Imp.Aor.akt., 1.S./3.P.Ind.Impf.akt., 3.S.Ind.F.med., 2.S.Imp.Aor.akt., N./A.S.n.Pz.Pr.akt., 2.S.Ind.F.med., 3.S.Imp.Aor.akt., N.S.m.Pz.Aor.akt., N.S.f.Pz.Pr.akt., N.S.m.Pz.Aor.akt., 3.S.Ind.F.med., 2.S.Imp.Pr.akt., Inf.Pr.akt., 3.P.Ind.Aor.akt.,

2.P.Ind./Imp.Pr.akt., 3.S.Konj.Pr.akt. u. 2.S.Ind./Konj.Pr.mp., 2.P.Ind.Aor.akt., 3.S.Ind.F.med., N.P.m.Pz.Pr.akt., Inf.Aor.akt., 1.S.Ind./Konj.Pr.akt., 2.P.Konj.Aor.akt., 1.P.Konj.Pr.akt., 1.S.Ind.F.med., 3.S.Imp.Aor.akt., 1.S.Ind.Aor.akt., 3.S.Imp.Pr.akt., 3.S.Ind.F.pass., 2.P.Ind.Pq.akt., N.S.m.Pz.Aor.akt., 3.S.Ind.Pr.mp., Inf.Aor.akt., 3.P.Ind.Aor.akt., 2.P.Ind./Imp.Pr.akt., 2.P.F.med., 3.S.Ind.Aor.akt., N.P.m.Pz.Aor.akt., 3.S.Ind.Impf.akt., 1.S.Ind.F.med., 2.S.Ind.Aor.akt., 3.S.Ind.Aor.pass., 2.S.Ind.Pr.akt., 1.S.Ind.Pf.akt., 2.P.Konj./Imp.Aor.akt., 3.S.Ind.F.med., 1.P.Ind.Pf.akt., 2.P.Ind.Aor.akt., 3.S.Konj.Aor.akt., 3.P.Ind.F.med., 3.P.Konj.Pr.akt.

D

I. **1.** Und er sagte zu ihm: Folge mir nach! Und nachdem er alles zurückgelassen hatte, stand er auf und folgte ihm nach. – **2.** Wer (ist es, der) verurteilen wird? Christus Jesus, der gestorben ist, der vielmehr aber auferweckt worden ist, der zur Rechten Gottes ist, der auch für uns bittet. – **3.** Was ihr auch gelernt und empfangen und gehört und an mir gesehen habt, das tut. – **4.** Ich werde zu meinem Vater gehen und werde ihm sagen: Vater, ich habe gegen den Himmel und vor dir gesündigt, ich bin nicht mehr würdig (wert), dein Sohn genannt zu werden. – **5.** Denn es geziemte ihm, um dessentwillen alles und durch den alles (ist), indem er viele Söhne zur Herrlichkeit führte, den Begründer (Urheber) ihres Heils durch Leiden vollkommen zu machen. – **6.** Obwohl er Sohn war, hat er an dem, was er gelitten hat, den Gehorsam gelernt.

II. **1.** Und sogleich hat er vergessen, welcher Art er war (wie er beschaffen war). – **2.** Denn Gott ist nicht ungerecht, euer Werk und die Liebe zu vergessen, die ihr seinem Namen erzeigt habt. – **3.** (Bei) jedem, der das Wort der Königsherrschaft hört und nicht versteht, kommt der Böse und raubt das, was in seinem Herzen gesät ist. – **4.** Eine Stadt, die auf einem Berge liegt, kann nicht verborgen sein. – **5.** Denn das, was zuvor geschrieben worden ist, ist zu unserer Lehre geschrieben worden, damit wir durch Geduld und durch den Trost (Zuspruch) der Schriften die Hoffnung haben. – **6.** Die Königsherrschaft der Himmel ist einem Schatz gleich, der im Acker verborgen ist, den ein Mensch, nachdem er (ihn) gefunden hatte, verbarg, und vor (aus seiner) Freude geht er hin und verkauft alles, was er hat, und kauft jenen Acker. – **7.** Als wir aber in Rom angekommen waren, wurde (es) Paulus erlaubt, mit dem Soldaten, der ihn bewachte, für sich (allein) zu bleiben.

III. **1.** Als sie aber den Stern gesehen hatten, freuten sie sich mit sehr großer Freude. – **2.** Sie erkannten nicht, was es war (bedeutete), was er ihnen sagte. – **3.** Und nachdem er erkannt hatte, daß er (sie) schon lange Zeit hat, sagt er zu ihm: Willst du gesund werden? – **4.** Geht ihr hinauf zum Fest; ich gehe nicht zu diesem Fest, denn meine Zeit ist noch nicht erfüllt (worden). – **5.** Ich bin das Brot, das aus dem Himmel herabgekommen ist. – **6.** Wiederum aber werde ich euch sehen, und euer Herz wird sich freuen, und eure Freude nimmt keiner von euch.

Lektion 58 C

1) ἀληθινώ -τερος, -τέρα, -τερον; -τατος, -τάτη, -τατον,
κοινό -τερος, -τέρα, -τερον; -τατος, -τάτη, -τατον,

ἐνεργέσ -τερος, -α, -ον; -τατος, -η, -ον,
κρείσσων, -ον, βελτίων, -ον; κράτιστος, -η, -ον / βέλτιστος, -η, -ον,
εὐσεβέσ -τερος, -α, -ον; -τατος, -η, -ον,
καινό -τερος, -α, -ον; -τατος, -η, -ον,
γλυκύ -τερος, -α, -ον; -τατος, -η, -ον,
μείζων, -ον; μέγιστος, -η, -ον,
ἀσφαλέσ -τερος, -α, -ον; -τατος, -η, -ον,
καλλίων, -ον; κάλλιστος, -η, -ον,
ἁγιώ -τερος, -α, -ον; -τατος, -η, -ον,
ἀσθενέσ -τερος, -α, -ον; -τατ -ος, -η, -ον,
χείρων, -ον / ἥσσων, -ον; κάκιστος, -η, -ον,
ψευδέσ -τερος, -α, -ον; -τατος, -η, -ον,
ταχίων, -ον; τάχιστος, -η, -ον,
ἐλάσσων, -ον; ἐλάχιστος, -η, -ον,
εὐγενέσ -τερος, -α, -ον; -τατος, -η, -ον
ὀξύ -τερος, -α, -ον; -τατος, -, -ον,
κενώ -τερος, -α, -ον; -τατος, -η, -ον,
πλείων, -ον; πλεῖστος, -η, -ον.

2) -ος, -α, -ον T. 4.1 (S. 228).
-ος, -η, -ον T. 4.2 (S. 228).
-ων, -ονος T. 5.5 (S. 230).
-ον, -ονος, -ονι, -ον; -ονα, -όνων, -οσιν, -ονα

3) ἀληθιν -ῶς, -ώτερον, -ώτατα;
κοιν -ῶς, -ώτερον, -ώτατα;
ἐνεργ -ῶς, -έστερον, -έστατα;
fehlt; dafür: εὖ, κρεῖσσον/βέλτιον; κράτιστα/βέλτιστα;
εὐσεβῶς, -έστερον, -έστατα;
καινῶς, -ότερον, -ότατα;
γλυκέως, -ύτερον, -ύτατα;
μεγάλως, μεῖζον, μέγιστα;
ἀσφαλῶς, -έστερον, -έστατα;
καλῶς, κάλλιον, κάλλιστα;
ἁγιῶς, ἁγιώτερον, ἁγιώτατα;
ἀσθενῶς, ἀσθενέστερον, -τατα;
κακῶς, χεῖρον/ἧσσον, κάκιστα;
ψευδῶς, ψευδέστερον, -τατα;
ταχέως (τάχυ), τάχιον, τάχιστα;
ὀλίγως, ἔλασσον, ἐλάχιστα;
εὐγενῶς, εὐγενέστερον, -τατα;
ὀξέως, ὀξύτερον, -τατα;
κενῶς, κενώτερον, -τατα;
(πολύ, πολλά), πλεῖον (πλέον), πλεῖστα.

D

I. **1.** Aber der nach mir kommt, ist stärker als ich; dessen Sandalen zu tragen, bin ich nicht geeignet (würdig). – **2.** Denn das Törichte Gottes (ist) weiser als die Menschen (sind), und das Schwache Gottes (ist) stärker als die Menschen. – **3.** Er sagte aber: Irgendein Mensch hatte zwei Söhne, und der jüngere von ihnen sagte zum Vater: Vater, gib mir den (mir) zufallenden Teil des Vermögens! – **4.** Denn die Söhne dieses Zeitalters sind gegenüber ihrem eigenen Geschlecht besonnener (klüger) als die Söhne des Lichts. – **5.** Oder machen wir den Herrn eifersüchtig? Sind wir etwa stärker als er?

II. **1.** Nun aber bleibt Glaube, Hoffnung, Liebe, diese drei; die größte von ihnen aber ist die Liebe. – **2.** Aber der Kleinste im Königreich der Himmel ist größer als er. – **3.** … nachdem er einen Brief geschrieben hatte, der diesen Inhalt hat: Klaudius Lysias, dem verehrten Statthalter Felix (einen) Gruß. – **4.** Denn ich sage euch: Wenn eure Gerechtigkeit nicht über die der Schriftgelehrten und Pharisäer hinausgeht (wö. … nicht überfließt mehr als die der …), werdet ihr keineswegs in die Königsherrschaft der Himmel hineinkommen. – **5.** Wer im Geringsten treu ist, ist auch im Vielen (Großen) treu, und wer im Geringsten ungerecht ist, ist auch im Vielen ungerecht. – **6.** Und es wird das Letzte jenes Menschen schlechter (schlimmer) als das Erste. – **7.** Ihr aber (sollt) nicht so (sein), sondern der Größte unter euch soll wie der Jüngste sein und der Führende wie der Diener (Dienende). – **8.** Damit der Vorsatz gemäß der Erwählung Gottes bleibt, nicht aus Werken, sondern aus dem, der beruft, ist ihr gesagt worden: Der Größere wird dem Geringeren (Jüngeren) dienen. – **9.** … damit nicht seine Jünger hingehen und ihn stehlen und dem Volk sagen: Er ist von den Toten auferstanden, und (so) wird der letzte Betrug schlimmer sein als der erste.

III. **1.** Wenn ihr in meinem Wort bleibt, seid ihr wahrhaftig meine Jünger. – **2.** Und der Herr lobte den ungerechten Haushalter (wö. des Unrechts), weil er besonnen gehandelt hatte. – **3.** Allein führt euren Wandel würdig des Evangeliums Christi. – **4.** Die Juden antworteten und sagten zu ihm: Sagen wir nicht zu Recht (schön, richtig), daß du ein Samariter bist und einen Dämon hast? – **5.** Haben die Führer etwa wahrhaftig erkannt, daß dieser der Christus ist? Aber von diesem wissen wir, woher er ist; aber (von dem) Christus, wenn er kommt, erkennt keiner, woher er ist. – **6.** Denn es ist erschienen die Gnade Gottes, heilbringend allen Menschen (od. die heilbringende / rettende Gnade Gottes allen Menschen), die uns erzieht, daß wir die Gottlosigkeit und die weltlichen Begierden verleugnen und besonnen und gerecht und gottesfürchtig in diesem Zeitalter leben. – **7.** Ich werde aber bald zu euch kommen, wenn der Herr (es) will. – **8.** Und die Menschen liebten die Finsternis mehr als das Licht; denn ihre Werke waren böse. – **9.** Denn wir haben auf den lebendigen Gott gehofft, der ein Retter aller Menschen ist, vor allem der Glaubenden. – **10.** Wahrlich, wahrlich, ich sage dir: Wenn jemand nicht von oben geboren wird, kann er nicht die Königsherrschaft Gottes sehen.

Lektion 59 C

und. = undeklinierbar (für alle Kasus)

sechs (und.), eins [das eine] (N./A.S.n.), dem zehnten (D.S.m./n.), (den) vieren (D.P.), (den) dreihundert (D.P.f.), des siebzigsten (G.S.m./n.), zwanzig (und.), hundert (und.), tausend (A.P.m.), neun (und.), zweien (D.P.), (der) drei (G.P.), die fünften (N.P.m.), zweihundert (A.P.m.), (die) achte (N.S.f.), drei (N./A.P.m./f.), vierzehn (N./A.P.n.), (der) einen [einer] (G.S.f.), elf (und.), (die) sechzigsten (N./A.P.n.), (der) achthundertsten (G.S.f.).

D

I. **1.** Die aber sagen zu ihm: Wir haben hier nicht(s) außer fünf Broten und zwei Fischen. – **2.** Dann, nach drei Jahren, ging ich hinauf nach Jerusalem, um Kephas kennenzulernen. – **3.** Ich sage euch: In dieser Nacht werden zwei auf einem Bett sein, der eine wird mitgenommen (angenommen), der andere wird zurückgelassen werden. – **4.** Ein Herr, ein Glaube, eine Taufe, ein Gott und Vater aller, der bei (über) allen und durch alle und in allen (ist). – **5.** Dann erschien er (wurde gesehen von) über 500 Brüdern auf einmal, von denen die meisten bis jetzt (noch) leben (bleiben). – **6.** Und sie sagten ihm: Herr, er hat zehn Minen. – **7.** Und nach acht Tagen waren seine Jünger wieder drinnen, und Thomas (war) bei (mit) ihnen. – **8.** Simon Petrus ging (stieg) hinauf und zog das Netz an Land, voll großer Fische, (und zwar) 153. – **9.** Läßt er nicht die 99 in der Wüste (zurück) und geht zum (dem) Verlorenen (nach), bis er (es) gefunden hat?

II. **1.** Und daß er auferstanden ist am dritten Tag nach den Schriften. – **2.** Sie kamen nun und sahen, wo er sich aufhält (bleibt), und sie blieben jenen Tag bei ihm; es war um (etwa) die zehnte Stunde. – **3.** Wiederum aber, als er hinausging, tat er es ebenso um die sechste und neunte Stunde. Um die elfte (Stunde) aber ging er hinaus und fand andere. – **4.** Anderes aber fiel auf fruchtbares (gutes) Land und brachte Frucht, das eine hundert(fach), das andere sechzig(fach), das andere dreißig(fach). – **5.** Deswegen (für dieses) rief ich dreimal den Herrn (an), damit er von mir ablasse. – **6.** Jesus sagt ihm: Ich sage dir nicht (bis) siebenmal, sondern (bis) siebenundsiebzigmal. – **7.** Die aber aßen, waren 4000 Männer, ohne Frauen und Kinder. – **8.** Wahrlich, wahrlich, ich sage dir: Der Hahn wird nicht (keinesfalls) krähen, bis du mich dreimal verleugnet hast.

Lektion 60 C

1) τίθε -μαι, -σαι T. 15.3.1.
τιθῶ -μαι, -ῇ T. 15.3.2.
τίθε -σο, -σθω T. 15.3.3.
ἐτιθέ -μην, -σο T. 15.3.6.

2) τίθε -σθαι; τιθέ -μενος, -μένη, -μενον T. 15.3.4 u. 5.
θέ -σθαι; θέ -μενος, -μένη, -μενον T. 15.4.4 u. 5.

3) ἐ -θέ -μην, ἔ -θου T. 15.4.1.
θῶ -μαι, θῇ T. 15.4.2.
θοῦ, θέσθω T. 15.4.3.

4) 2.S.Ind.Pr.mp., Inf.Pr.mp., Inf.Aor.med., 2.S.Imp.Pr.mp., 2.S.Ind.Impf.mp., 3.P.Ind.Pr.mp., 3.S.Ind.Pf.mp., 3.P.Ind.Impf.mp., 3.S.Ind.Impf.mp., 3.P.Imp.Aor.med., G.S.f.Pz.Pr.mp., 2.S.Imp.Aor.med., 2.P.Konj.Pr.mp., 3.S.Imp.Pr.mp., 3.P.Imp.Pr.mp., 2.S.Ind.Aor.med., G.S.m./n.Pz.Aor.med., 1.S.Ind.Pr.mp., N.P.f.Pz.Pr.mp., N.P.f.Pz.Pf.mp., 2.S.Konj.Aor.med., 2.P.Imp.Aor.med., 3.S.Ind.Aor.med., N.S.m.Pz.Aor.med., 2.S.Konj.Pr.mp., 2.P.Ind./Imp.Pr.mp., 2.P.Ind.Impf.mp., 2.P.Konj.Aor.med., 2.P.Ind.Aor.med., 2.P.Ind.Pf.mp., 3.P.Ind.Aor.med., 1.S.Ind.Aor.med., 1.S.Ind.Impf.mp.

5) 1) τιθέμεθα/ἐθέμεθα 2) τίθεσο/θοῦ 3) ἐτιθέμην 4) τίθεσθαι/θέσθαι

5) τιθώμεθα/θώμεθα 6) τιθεμένη/θεμένη 7) τίθεται/ἔθετο
8) τιθέσθωσαν/θέσθωσαν 9) τιθῇ/θῇ 10) ἐτιθέμεθα 11) τιθῶνται/θῶνται
12) τίθενται/ἔθεντο 13) τιθεμένοις/θεμένοις 14) τιθῶμαι/θῶμαι.

D

I. **1.** Und Jesus rief mit lauter (großer) Stimme und sprach: Vater, in deine Hände übergebe ich meinen Geist. – **2.** Dieses Gebot vertraue ich dir an, (mein) Kind Timotheus, gemäß den Weissagungen, die über dich ergangen sind, damit du durch sie den guten Kampf kämpfst.

II. **1.** Gott hat uns nicht zum Zorn bestimmt (gesetzt), sondern zum Erwerben der Rettung durch unseren Herrn Jesus Christus. – **2.** Ich habe Gnade durch unseren Herrn Christus Jesus (od. ich danke), der mich stark gemacht hat, weil er mich treu erachtet hat, nachdem (da) er mich in den Dienst gesetzt hat. – **3.** Er sagte zu ihnen: Es ist nicht an euch (eure Sache), Zeiten oder Zeitpunkte zu kennen, die der Vater in seiner eigenen Macht bestimmt (festgesetzt) hat, sondern ihr werdet Kraft empfangen, nachdem der Heilige Geist auf euch gekommen ist, und ihr werdet meine Zeugen sein ... – **4.** Habt acht auf euch selbst und auf die ganze Herde, in der euch der Heilige Geist als Aufseher (Bischöfe) eingesetzt hat, die Gemeinde Gottes zu weiden.

III. **1.** Gott war in Christus, (wobei) er (die) Welt mit sich selbst versöhnte, indem er ihnen ihre Übertretungen nicht anrechnete und indem er unter uns das Wort der Versöhnung aufrichtete. – **2.** Laßt uns nun die Werke der Finsternis ablegen, laßt uns aber die Waffen des Lichts anziehen. – **3.** Und was du gehört hast von mir durch (in Gegenwart) viele(r) Zeugen, dies vertraue treuen Menschen an, die fähig sein werden, auch andere zu lehren. – **4.** Nun aber, legt auch ihr (das) alles ab! – **5.** Und ich verordne (übergebe) euch eine Königsherrschaft, gleichwie mir mein Vater (sie) verordnet hat, damit ihr in meiner Königsherrschaft an meinem Tisch eßt und trinkt. – **6.** Aber Maria, die von Magdala (ist), und Maria, die (Frau) des Joses, sahen zu, wo er hingelegt wurde. – **7.** Es war aber an dem Ort, wo er gekreuzigt worden war, ein Garten, und in dem Garten ein neues Grab, in das noch nie jemand gelegt worden war.

Lektion 61 C

1) **a)** T. 15.1.
b) T. 15.2.
c) τέθηκα, -ας od. τέθεικα, -ας, τεθηκέναι oder τεθεικέναι T. 10.8.1 + 10.8.2.
τεθηκώς, -κότος od. τεθεικώς, -κότος T. 10.8.3.
d) ἐ -τέθη -ν, -ς T. 10.14.
e) τεθή -σομαι, -σῃ T. 10.7.

2) 1.S.Ind.Pr.akt., 2.S.Konj.Pr.akt., Inf.Pr.akt., 2.S.Ind.Impf.akt., 3.S.Ind.Aor.akt., 3.S.Ind.Pf.akt., N.S.f.Pz.Pr.akt., N.S.f.Pz.Aor.akt., N.S.m.Pz.Pf.akt., 3.S.Ind.Pr.akt., 3.S.Imp.Pr.akt., Inf.Aor.akt., N./A.S.n.Pz.Aor.akt., 3.P.Ind.Aor.akt., 1.P.Ind.Impf.akt., 3.P.Konj.Pr.akt., 3.P.Imp.Pr.akt.,

1.S.Ind.Impf.akt., 2.S.Imp.Aor.akt., N.S.m.Pz.Pr.akt., 3.P.Ind.Aor.pass., 2.S.Imp.Pr.akt., N./A.P.n. u. A.S.m.Pz.Aor.akt., 1.S.Konj.Aor.akt., 3.P.Ind.Pr.akt., 1.S.Ind.F.akt., 1.S.Ind.Aor.pass., Inf.Aor.pass., 3.S.Ind.F.akt., 1.S.Ind.Aor.akt., 1.S.Ind.Pf.akt., 3.S.Ind.Impf.akt.

3) ἐθήκαμεν — τίθημι
θετωσαν — τιθῇ
ἔθηκας — τίθει
θεῖναι — τιθεῖσιν
θέντι — τιθῶσιν
ἐθήκατε/θέτε

D

I. **1.** Er steht vom Mahl auf und legt die Oberkleider (ab), und nachdem er ein Leinentuch genommen hatte, umgürtete er sich. – **2.** Und er sagt ihm: Jeder Mensch setzt zuerst den guten Wein (vor). – **3.** Jeweils am ersten (Tag) der Woche (nach dem Sabbat) soll ein jeder unter euch bei sich selbst (zurück)legen, indem er sammelt, so viel, wie er vermag (wie es ihm möglich ist). – **4.** Nachdem er aber einem jeden von ihnen die Hände aufgelegt hatte, heilte er sie.

II. **1.** Nicht ihr habt mich erwählt, sondern ich habe euch erwählt und euch (dazu) gesetzt, daß ihr hingeht und Frucht tragt (bringt) und eure Frucht bleibt. – **2.** Denn ein anderes Fundament (Grund) kann niemand legen, außer (neben) dem, das gelegt ist, welches ist Jesus Christus. – **3.** Und er sagte: Wie sollen wir die Königsherrschaft Gottes vergleichen oder in welchem Gleichnis sie darstellen (setzen)? – **4.** Nehmt ihr diese Worte in eure Ohren (auf)! – **5.** Du bist ein strenger Mensch; du nimmst, was du nicht (hin)gelegt hast, und du erntest, was du nicht gesät hast.

III. **1.** Der Herr aber tat (setzte) täglich hinzu, die gerettet wurden, zur Gemeinde. – **2.** Denn ich bin mit dir, und keiner wird dir nachstellen, um dir Böses zu tun, denn mir gehört (ist) ein großes Volk in dieser Stadt. – **3.** Seht zu, was ihr hört. Mit welchem Maß ihr (zu)meßt, wird euch (zu)gemessen werden, und es wird euch hinzugefügt werden. – **4.** Sondern nachdem du gekommen bist, lege deine Hand auf sie, und sie wird leben. – **5.** Ein anderes Gleichnis legte er ihnen vor und sagte: Die Königsherrschaft der Himmel ist einem Menschen zu vergleichen, der guten Samen auf seinen Acker gesät hat. – **6.** Aber umso mehr wurden hinzugetan, die dem Herrn glaubten, Mengen von Männern und Frauen. – **7.** Und die Apostel sprachen zum Herrn: Füge uns Glauben hinzu (mehre unsren Glauben)! – **8.** Jesus antwortet: Dein Leben wirst (willst) du für mich einsetzen? Wahrlich, wahrlich, ich sage dir, keineswegs wird der Hahn krähen, bis du mich dreimal verleugnet hast. – **9.** Lege niemand schnell die Hände auf, habe keinen Anteil an fremden Sünden, bewahre dich selbst rein!

Lektion 62 C

1) T. 15.8.1-3 u. T. 15.9.1-3 u. δέδομαι, -σαι T. 10.10.1.

2) 2.S.Ind.Pr.mp., 3.S.Ind.Pf.mp., A.S.m. u. N./A.S.n.Pz.Pr.mp., A.S.m. u. N./

A.S.n.Pz.Pf.mp., 2.S.Ind.Aor.med., 2.S.Konj.Aor.med., 2.S.Konj.Pr.mp., 2.S.Imp.Pr.mp., 2.P.Ind.Impf.mp., 2.S.Imp.Aor.med., Inf.Pr.mp., Inf.Aor.med., Inf.Pf.mp.

3) δίδοσαι, δίδοσο, διδῷ; ἐδίδοσο; ἔδου, δῷ, δοῦ; δέδοσαι
δίδοσθε, δίδοσθε, διδῶσθε; ἐδίδοσθε; ἔδοσθε, δῶσθε, δόσθε; δέδοσθε

4) δίδοσθαι, διδομένη;
δόσθαι, δομένη;
δέδοσθαι, δεδομένη.

D

I. **1.** Ihr wißt, daß nach zwei Tagen das Passah(fest) ist und der Sohn des Menschen ausgeliefert wird, um gekreuzigt zu werden. – **2.** Als sie aber in Galiläa zusammenkamen, sagte Jesus zu ihnen: Der Sohn des Menschen wird in die Hände der Menschen ausgeliefert, und sie werden ihn töten, und am dritten Tag wird er auferweckt werden.

II. **1.** Euch ist es gegeben (worden), die Geheimnisse der Königsherrschaft der Himmel zu erkennen, jenen aber ist es nicht gegeben. – **2.** Petrus aber antwortete ihr: Sage mir, ob ihr für soviel das Land verkauft habt? Sie aber sagte: Ja, für soviel. – **3.** Und von hier segelten sie ab nach Antiochien, von wo sie der Gnade Gottes übergeben worden waren für das Werk, das sie erfüllt hatten. – **4.** Johannes antwortete und sagte: Ein Mensch kann nicht(s) nehmen (empfangen), wenn es ihm nicht vom Himmel gegeben (worden) ist. – **5.** Denn immer werden wir, die wir leben, um Jesu willen in den Tod gegeben (dem Tod übergeben), damit auch das Leben Jesu an unserem sterblichen Fleisch offenbar werde.

E

Übungen:

1) – Aber während (wenn, als ...) die Sonne untergeht.
– Als er sich aber auf dem Ölberg (Berg der Ölbäume) setzte, traten die Jünger zu ihm.
– Als er dies (zu) ihnen sagte, siehe, da fiel ein Oberster vor ihm nieder.
– Wenn du Barmherzigkeit tust, soll (es) deine linke (Hand) nicht erfahren.

2) – Bist du nicht um einen Denar mit mir übereingekommen?
– damit euch Gott der Berufung für wert halte.
– Werden nicht zwei Sperlinge für ein As verkauft?

Lektion 63 C

1) T. 15.6.1-3; 15.6.6; 15.7.1-3; Pf.: δέδωκα, ... δεδώκαμεν ... T. 10.8.1.

2) Pr.akt.: διδούς, διδοῦσα, διδόν T. 15.6.5.
Pr.mp.: διδό -μενος, -μένη, -μενον T. 15.8.5.

Aor.akt.: δούς, δοῦσα, δόν T. 15.7.5.
Aor.med.: δό -μενος, -μένη, -μενον T. 15.9.5.
Pf.akt.: δεδωκώς, -κυῖα, -κός T. 10.8.3 + 7.3.
Pf.mp.: δεδο -μένος, -μένη, -μένον T. 10.10.3.
F.akt.: δώσων, δώσουσα, δῶσον T. 10.5.3.
F.med.: δωσό -μενος, -μένη, -μενον T. 10.6.3.
F.pass.: δοθησό -μενος, -μένη, -μενον T. 10.7.3.
Aor.pass.: δοθείς, δοθεῖσα, δοθέν T. 10.14.5 + 7.4.

3) διδόναι, δώσειν, δοῦναι, δεδωκέναι; δίδοσθαι, δώσεσθαι, δόσθαι, δεδόσθαι; δοθῆναι, δοθήσεσθαι.

4) 1.S.F.akt., 1.S.Ind.Pr.akt., 2.S.Imp.Aor.akt., 2.S.Imp.Pr.akt., 2.P.Ind./Imp.Pr.akt., 3.S.Ind.F.pass., 3.P.Ind.F.akt. od. D.P.m./n.Pz.F.akt., 2.P.Konj.Aor.akt., Inf.Pr.akt., 3.S.Ind.F.akt., 2.P.Imp.Aor.akt., 3.S.Konj.Aor.pass., Inf.Aor.akt., 3.S.Ind.Aor.pass., 3.S.Ind.Pf.akt., 3.S.Ind.Aor.akt., 2.S.Ind.Pf.akt., 3.S.Ind.Pr.akt., 3.S.Konj.Aor.akt. od. 2.S.Konj.Aor.med., 2.S.Ind.F.med., G.S.m./n.Pz.Aor.akt., 1.P.Konj.Aor.akt., N.S.m.Pz.Aor.akt.

5) ἔδωκας, δοῦναι, δῶ, δός, ἔδωκεν, δόν, δῶτε, ἐδώκατε/δότε, δότωσαν, ἔδωκαν; δίδωμι, διδῶμεν, διδόναι, δίδου, διδοῦσαν, διδῶσιν, δίδοτε (2 x), διδοῦσιν, δίδωσιν.

6) δεδωκέναι/δώσειν, δεδομένῃ/δωσομένῃ, δέδωκα/δώσω, δεδωκός/δῶσον, δέδοσαι/δώσῃ.

D

I. **1.** Alles, was mir der Vater gibt, wird zu mir kommen, und den, der zu mir kommt, werfe ich gewiß nicht hinaus. – **2.** Meinen Frieden gebe ich euch; nicht wie die Welt gibt, gebe ich euch. – **3.** Jedem, der dich bittet, gib, und von dem, der das Deine nimmt, fordere es nicht (zurück). – **4.** Vergeltet keinem Böses mit Bösem; seid auf Gutes bedacht vor allen Menschen.

II. **1.** So wie (gleichwie) der Menschensohn nicht gekommen ist, um bedient zu werden, sondern um zu dienen und sein Leben als Lösegeld für viele zu geben. – **2.** Der Vater liebt den Sohn, und er hat alles in seine Hand gegeben. – **3.** Was ist nun Apollos? Was aber ist Paulus? Diener, durch die ihr zum Glauben gekommen seid, und (zwar) wie der Herr einem jeden gegeben hat. – **4.** Wer zwei Unterkleider hat, soll dem weitergeben, der keines hat, und wer Speisen hat, soll ebenso tun (handeln). – **5.** Und es geschah, als er sich mit ihnen niedergelegt hatte, nachdem er das Brot genommen hatte, segnete er (es) und, nachdem er es gebrochen hatte, gab er (es) ihnen. – **6.** Wer stiehlt (der Dieb) soll nicht mehr stehlen, vielmehr aber soll er sich mühen, indem er mit seinen eigenen Händen das Gute arbeitet (wirkt), damit er (etwas) hat, um dem mitzuteilen (weiterzugeben), der Not (Bedarf) hat. – **7.** Denn Gott ist einer, und einer (ist) Mittler (zwischen) Gott und Menschen, der Mensch Christus Jesus, der sich selbst als Lösegeld für alle gegeben hat, als das Zeugnis zur rechten Zeit (zu den eigenen/besonderen Zeitpunkten).

III. **1.** Bittet, und es wird euch gegeben werden; suchet, und ihr werdet finden; klopft an, und es wird euch geöffnet werden. – **2.** Alles ist mir von meinem Vater übergeben worden, und niemand erkennt den Sohn außer dem Vater (als nur der Vater). – **3.** Dann werden sie euch in Trübsal (Bedrängnis) übergeben und euch töten, und ihr werdet von allen Völkern gehaßt werden um meines Namens willen. – **4.** Setzt (ihr) diese Worte in eure Ohren (hinein); denn der Menschensohn wird (steht im Begriff,) in die Hände der Menschen überliefert werden. – **5.** Gemäß der Gnade Gottes, die mir gegeben (worden) ist, habe ich wie ein weiser Baumeister Grund (Fundament) gelegt, ab er ein anderer baut darauf, ein jeder aber soll sehen, wie er (darauf) baut. – **6.** Da er aber nicht hatte zu bezahlen (um zu bezahlen), befahl der Herr, ihn und seine Frau und seine Kinder verkaufen zu lassen und alles, soviel er hat(te), und bezahlen zu lassen. – **7.** Du hättest keinerlei Macht über mich, wenn sie dir nicht von oben gegeben (worden) wäre; darum hat der, der mich dir überliefert hat, größere Sünde. – **8.** Mir ist gegeben (worden) jede (Voll)macht im Himmel und auf der Erde.

Lektion 64 C

1) 3.S.Ind.Aor.pass. (er/sie/es wurde gestellt), G.P.m./n.Pz.Pf.akt., 2.P.Imp./ Konj.(Wurzel-)Aor. (akt.), 3.S.Ind.Impf.mp. (er/sie/es entfernte sich), 3.S.Konj. (Wz.-) Aor.(akt.), 3.S.Ind.Pf.akt., 3.S.Ind.Pr.mp., G.P.m./n.Pz.Pf.akt., 3.S.Ind. F.pass. (er/sie/es wird gestellt werden), Inf. (Wz.-)Aor. (akt.), N.S.m.Pz. (Wz.-)Aor. (akt.), 3.P.Ind.Impf.mp. (sie gerieten außer sich), 2.P.Imp. (Wz.-)Aor. (akt.), 2.S.Imp. (Wz.-)Aor. (akt.), Inf.Pr.mp. (beistehen), 3.S.Konj.Aor.pass., N.S.m.Pz.Pf.akt. (stehend), N.P.m.Pz.Aor.akt., 3.S.Imp.Aor.akt., N.S.m.Pz. (Wz.-)Aor. (akt.), 3.S.Ind.Impf.mp. (er/sie/es trat entgegen), 3.P.Ind.Pq.Akt. (sie waren herangetreten / sie standen dabei), N.S.f.Pz.Pf.akt., 3.P.Ind.Pf.akt. (sie stehen), 3.S.Ind.(Wz.-)Aor. (akt.) (er/sie/es trat), 2.P.Imp.(Wz.-)Aor. (akt.) (Geht weg!), N.S.m.Pz.Aor.pass., 2.S.Imp.(Wz.-)Aor. (akt.), Inf.Aor.pass., 3.S.Ind.(Wz.-)Aor. (akt.) (er/sie/es trat heran), 3.S.Ind.Pr.mp., 3.P.Konj. (Wz.-) Aor. (akt.), 3.S.Ind.Pr.akt. (er/sie/es steht), 2.S.Imp.Pr.mp. (entferne dich!), N./ A.S.n.Pz.Pf.akt., 3.P.Ind.Pq.akt. (sie standen), 2.P.Konj.Aor.pass., 3.P.Ind.Pr.mp. (sie entfernen sich), 1.P.Ind.Pf.akt. (wir stehen), 3.P.Ind.Aor.pass. (sie wurden gestellt), A.P.m.Pz.Pf.akt., Inf.Pr.mp. (auf-er-stehen), 3.P.Ind.F.med., 3.P.Ind.Aor.akt., A.S.m. u. N./A.P.n.Pz.Pf.akt., 3.S.Konj.Aor.akt., A.S.m. u. N./ A.P.n.Pz.Pf.akt., 3.S.Ind.Pf.akt. (er/sie/es steht), Inf.Pf.akt. (stehen), A.S.m. u. N./ A.P.n.Pz. (Wz.-)Aor. (akt.), 2.P.Ind.Pf.akt.

2) ἵστασαι, ἱστώμεθα, ἱστάσθω, ἱσταμένη, ἵστασθε, στήσονται, στησομένῳ, σταθήσεσθαι, ἐστάθην, σταθήτωσαν, ἕστηκα, εἱστήκεισαν, ἑστηκέναι, ἑστήξεις, ἕστατε, ἑστῶτι, ἐστωσῶν, ἔστην, στῆναι, στάντας.

D

I. **1.** Und diese haben keine Wurzel, die zum (bestimmten) Zeitpunkt (für den Augenblick) glauben und zum Zeitpunkt der Versuchung abfallen. – **2.** Folglich, wer (irgend) Freund der Welt sein will, erweist sich als Feind Gottes. – **3.** Und sie (war) eine Witwe von 84 Jahren, die nicht vom Tempel wegging und Nacht und Tag mit Fasten und Flehen diente. – **4.** Es gerieten aber alle, die ihn hörten, aufgrund seiner Einsicht und seiner Antworten außer sich. – **5.** Und die ganze Menge (alle Leute) gerieten außer sich (entsetzten sich) und sagten: Dieser ist doch nicht der Sohn Davids?

II. **1.** Folglich soll die Sünde nicht in eurem sterblichen Leibe herrschen ... gebt auch eure Glieder nicht zu Waffen der Ungerechtigkeit für die Sünde hin, sondern stellt euch selbst Gott zur Verfügung (für Gott bereit), wie Lebende aus den Toten, und eure Glieder für Gott als Waffen der Gerechtigkeit. – **2.** Jedes Königreich, das mit (in) sich selbst entzweit ist, wird verwüstet, und jede Stadt oder (jedes) Haus, die mit sich selbst entzweit sind (ist), werden (wird) nicht bestehen (erhalten werden). – **3.** Wenn er aber nicht hört, nimm mit dir noch einen oder zwei, damit jedes Wort (jede Sache) auf (Grund des Mundes von) zwei oder drei Zeugen besteht.

III. **1.** Und er befahl, daß der Wagen stehen blieb, und sie stiegen beide hinab in das Wasser, sowohl Philippus als auch der Eunuch (Kämmerer), und er taufte ihn. – **2.** Zieht die Ganzrüstung Gottes an, damit ihr gegen die Listen des Teufels bestehen könnt. – **3.** Denn wenn wir glauben, daß Jesus gestorben und auferstanden ist, so wird Gott auch die, die entschlafen sind, durch Jesus mit ihm (hin)führen. – **4.** Und die Toten in Christus werden zuerst auferstehen ... – **5.** Um deswillen (für dieses) habe ich dreimal den Herrn angerufen , damit er von mir abließ, und er hat zur mir gesagt: Es genügt dir meine Gnade; denn meine Macht wird vollendet in Schwachheit. – **6.** Es steht jedoch der feste Grund Gottes und hat dieses Siegel: Der Herr hat die erkannt, die sein sind, und: Es soll sich von der Ungerechtigkeit entfernen (abstehen), jeder, der den Namen des Herrn nennt. – **7.** Ich tue euch aber kund, Brüder, das Evangelium, das ich euch (als Evangelium) verkündigt habe, das ihr auch angenommen habt, in dem ihr auch steht, durch das ihr auch gerettet werdet. – **8.** Und ihr werdet anfangen, draußen zu stehen und an die Tür zu klopfen und zu sagen: Herr, öffne uns, und indem er antwortet, wird er euch sagen: Ich kenne euch nicht, woher ihr seid. – **9.** Als er aber voll Heiligen Geistes war und angespannt in den Himmel schaute, sah er Gottes Herrlichkeit und Jesus, der zur Rechten Gottes stand. – 10. Während er noch zur Volksmenge redete, siehe, da standen seine Mutter und Brüder draußen und (indem sie) versuchten, mit ihm zu reden.

Lektion 65 C

1) **a)** 1.P.Ind.Pr./Impf.akt., 3.P.Konj.Pr.akt., 2.S.Imp.Pr.akt. / 3.S.Impf.akt., 3.P.Ind.Impf.akt., 3.P.Imp.Pr.akt., D.P.m./n.Pz.Pr.akt. / 3.P.Ind.Pr.akt., A.S.f.Pz.Pr.akt.

b) 3.S.Ind.Aor.akt., 3.S.Ind.Pr.akt., N.P.m.Pz.Aor.akt., Inf.Pr.akt., 3.S.Ind.F.akt., N.S.m.Pz.Pr.akt., 3.P.Ind.Aor.akt., 2.P.Konj.Aor.akt., N.P.m.Pz.Pr.akt., 1.S.Ind.F.akt. / 1.S.Konj.Aor.akt., 1.S.Ind.Pr.akt., 2.P.Ind.Aor.akt., 1.S.Ind.Pr.akt., Inf.Aor.akt., N.S.m.Pz.Aor.akt., 1.P.Ind.Pr.akt., 2.P.Imp.Aor.akt., G.P.m./n.Pz.Pr.akt., 3.S.Konj.Aor.akt. / 2.S.Konj.Aor.med. / 2.S.Ind.F.med., 2.P.Ind./Imp.Pr.akt., 1.P.Ind.F.akt. 2.S.Konj.Aor.akt., 1.P.Konj.Aor.akt., 1.S.Ind.Aor.akt., 3.S.Ind.F.akt., A.P.m.Pz.Pf.akt., 3.S.Ind.Aor.akt., Inf.(Wz.-)Aor. (akt.intr.), 3.S.Ind.Pf.akt., Inf.Aor.akt., N.S.m.Pz.Pr.mp., 3.S.Ind.Pr.akt., Inf.(Wz.-)Aor. (akt., intr.), 3.P.Ind.Aor.pass., 3.P.Ind.F.med., N.P.m.Pz.Pf.akt., N.S.m.Pz.Pr.mp., 3.P.Ind.Aor.akt., Inf.(Wz.-)Aor. (akt., intr.),

2.P.Ind.Aor.akt., N.S.m.Pz.(Wz.-)Aor. (akt.), 1.P.Ind.(Wz.-)Aor. (akt., intr.), 2.S.Imp.(Wz.-)Aor. (akt., intr.), 3.S.Ind.Pf.akt., Inf.Pr.mp. 1.S.Ind.F.akt. / 1.S.Konj.Aor.akt., A.S.m. u. N./A.P.n.Pz.Pf.akt., Inf.Pr.mp., 1.P.Ind.F.med., N.P.m.Pz.Pf.akt., A.S.m. u. N./A.P.n.Pz.Pf.akt., 1.S.Ind.F.med., 1.S.Ind.(Wz.-)Aor. (akt., intr.), N.P.m.Pz.Pr.mp., 3.P.Ind.Aor.akt. / (Wz.-)Aor., A.S.f.Pz.Pf.akt., 3.P.Ind.Aor.akt. / (Wz.-)Aor., 1.S.Konj.Aor.pass.

2) ἔστη -σα, -σας T. 10.12.
ἐστη -σάμην, -σω T. 10.13.
ἔστη -ν, -ς T. 14.5.
ἐστάθη -ν, -ς T. 10.14.

3) Pz.Pr.akt. T. 15.11.5.
Pz.Pr.mp. T. 15.12.5.
Pz.Pf.akt.: ἑστηκώς, ἑστηκότος T. 7.3, Kurzform: ἑστώς, ἑστῶσα, ἑστός s. L. 64 B 4.
Pz.F.akt. στήσων, -σοντος T. 7.1 (mit σ).
Pz.F.med. στη -σόμενος, -η, -ον T. 10.6.3.
Pz.F.pass. σταθη -σόμενος, -η, -ον T. 10.7.3.
Pz.Aor.akt. στήσας, στήσασα, στῆσαν T. 10.12.5.
Pz.Aor.med. στησάμενος, -η, -ον T. 10.13.5.
Pz.Aor.intr. s. T. 14.5.
Pz.Aor.pass. σταθείς, σταθεῖσα, σταθέν T. 10.14.5.

D

I. **1.** Ich empfehle euch aber Phöbe, unsere Schwester, daß ihr sie im Herrn aufnehmt, (wie es) den Heiligen geziemt, und ihr beisteht, in welcher Angelegenheit sie euch auch braucht. – **2.** Seht euch aber, Brüder, nach Männern aus (unter) euch um, die ein (gutes) Zeugnis (haben), sieben, voll Geistes und Weisheit, die wir für diese Aufgabe einsetzen werden. – **3.** Oder meinst du, daß ich meinen Vater nicht bitten kann, und er wird mir sogleich mehr als 12 Legionen Engel senden? – **4.** Nachdem sie sie (her)geführt hatten, stellten sie sie vor (in) das Synedrium.

II. **1.** Und zwar wird er die Schafe zu seiner Rechten stellen, die Böcke aber zur Linken. – **2.** Und als die Tage ihrer Reinigung gemäß dem Gesetz Moses erfüllt waren, brachten sie ihn nach Jerusalem, um (ihn) dem Herrn darzubringen (-stellen). – **3.** Gott erweist aber seine Liebe zu uns (dadurch), daß Christus, als wir noch Sünder waren, für uns gestorben ist. – **4.** Wir verkündigen, indem wir jeden Menschen zurechtweisen (ermahnen) und jeden Menschen in jeder Weisheit lehren, damit wir jeden Menschen vollkommen (als Vollkommenen) in Christus darstellen. – **5.** Nachdem er ihr aber die Hand gegeben hatte, richtete er sie auf; nachdem er aber die Heiligen und die Witwen gerufen hatte, stellte er sie lebend dar (vor sie).

III. Jesus sagt zu ihr: Dein Bruder wird auferstehen. Martha sagt zu ihm: Ich weiß, daß er auferstehen wird bei der Auferstehung am letzten Tag. Jesus sagte zu ihr: Ich bin die Auferstehung und das Leben; wer an mich glaubt, wird, auch wenn er stirbt, leben, und jeder, der lebt und an mich glaubt, wird in Ewigkeit keineswegs sterben. Glaubst du das?

Lektion 66 C

3.S.Ind.Aor.pass. (er/sie/es ist gefüllt worden), N.S.m.Pz.Aor.akt. (einer, der gefüllt hat), 3.S.Ind.F.pass. (er/sie/es wird gefüllt werden), 3.P.Ind.Aor.pass. (sie sind gefüllt worden), 2.S.Konj.Aor.pass. ((damit) du gefüllt wirst), 3.P.Ind.Aor.akt. (sie haben gefüllt), Inf.Aor.pass. (erfüllt werden), 3.S.Ind.Pr.mp. (er/sie/es kann), N.S.m.Pz.Pr.mp. (einer, der kann), 2.S.Ind.Pr.mp. (du kannst), Inf.Pr.mp. (können), 2.P.Ind.Impf.mp. (ihr konntet), 3.P.Ind.Pr.mp. (sie können), 1.P.Ind.Pr.mp. (wir können), D.S.m./n.Pz.Pr.mp. (einem, der kann), 3.P.Ind.Impf.mp. (sie konnten), 2.P.Ind.Pr.mp. (ihr könnt), 3.S.Ind.Impf.mp. (er/sie/es konnte), 2.P.Ind./Imp.Pr.mp. (ihr wißt), 1.S.Ind.Pr.mp. (ich weiß), 3.P.Ind.Pr.mp. (sie wissen), N.S.m.Pz.Pr.mp. (einer, der weiß).

D

I. **1.** Und denkt nicht, bei euch selbst zu sagen: Wir haben als Vater (den) Abraham. Denn ich sage euch: Gott kann aus diesen Steinen dem Abraham Kinder erwekken. – **2.** Und wenn ein Königreich mit sich entzweit wird, kann jenes Königreich nicht bestehen; und wenn ein Haus mit sich entzweit wird, wird jenes Haus nicht bestehen können. – **3.** Wer bist du, der du einen fremden Knecht verurteilst? Dem eigenen Herrn steht oder fällt er; er wird aber (be)stehen, denn der Herr kann ihn stehen (machen). – **4.** Dem aber, der euch nach meinem Evangelium und der (Herolds)botschaft Jesu Christi stärken kann … dem (sei) die Herrlichkeit in alle Ewigkeit (in die Zeitalter der Zeitalter). Amen. – **5.** Darum ergreift (nehmt) die Ganzrüstung Gottes, damit ihr am bösen Tag widerstehen (Widerstand leisten) und, nachdem ihr alles ausgerichtet habt, (be)stehen könnt.

II. **1.** Ihr wißt, daß Gott (mich) unter euch seit langem (seit alten Tagen) auserwählt hat, damit die Völker durch meinen Mund das Wort des Evangeliums hören und glauben. – **2.** Der böse Geist aber antwortete und sprach zu ihnen: Jesus kenne ich zwar, und von Paulus weiß ich; ihr aber, wer seid ihr? – **3.** Er aber leugnete und sagte: Ich weiß (nicht) und verstehe nicht, was du sagst. – **4.** Und Zacharias, sein Vater, wurde erfüllt vom Heiligen Geist und redete prophetisch. – **5.** Und sogleich lief einer von ihnen und nahm einen Schwamm, füllte ihn mit Essig, steckte ihn auf ein Rohr und ließ ihn trinken. – **6.** Und sie kamen, und sie füllten beide Boote, so daß sie zu sinken (unterzugehen) drohten. – **7.** Und er wird schon vom Leib seiner Mutter an erfüllt werden mit Heiligem Geist, und er wird viele der Söhne Israels zu dem Herrn, ihrem Gott, bekehren.

Lektion 67 C

3.S.Ind.Pr.akt., 2.P.Ind.Aor.akt., 3.S.Ind.F.pass., 3.P.Ind.Pr.mp., N.S.m.Pz.Pr.akt., 2.P.Ind./Imp.Pr.akt. / 2.P.Ind.Impf.akt., N.P.m.Pz.Aor.akt., 3.P.Ind.Aor.akt., 3.S.Konj.Aor.pass., Inf.Aor.akt., 3.S.Ind.Aor.pass., 3.S.Ind.Pr.mp., 3.P.Ind.Pr.akt., 3.S.Ind.F.akt., N.S.m.Pz.Pr.akt., Inf.Aor.akt., 3.P.Ind.F.akt. / D.P.m./n.Pz.F.akt., 3.P.Ind.Pf.mp., 2.P.Ind./Imp.Pr.akt. / 2.P.Ind.Impf.akt., 3.P.Ind.Aor.pass., Inf.Pr.akt., 2.P.Konj.Aor.akt., 2.S.Imp.Aor.akt., 1.S.Konj.Aor.akt., 3.S.Ind.Aor.akt.,

1.S.Ind.Pr.akt., 3.P.Ind.Aor.akt., 3.P.Ind.Pr.akt. / D.P.m./n.Pz.Pr.akt., 3.S.Imp.Pr.akt., 2.P.Konj.Aor.akt., A.P.f.Pz.Pf.mp., 1.P.Ind.Aor.akt., 2.P.Imp.Aor.akt., 3.P.Ind.F.akt. / D.P.m./n.Pz.F.akt., N.P.m.Pz.Pr.akt., 1.P.Ind.Pr.akt., N.S.m.Pz.Aor.akt., 3.S.Konj.Aor.akt. / 2.S.Konj.Aor.med., G.S.m./n.Pz.Pr.akt., Inf.Pr.akt., 1.P.Konj.Aor.akt., 3.P.Konj.Aor.akt., 1.S.Ind.Aor.akt.

D

I. **1.** Und nachdem Jesus ihren Glauben gesehen hatte, sprach er zu dem Gelähmten: Sei zuversichtlich, Kind, deine Sünden werden dir vergeben. – **2.** Darum sage ich euch: Jede Sünde und Lästerung wird den Menschen vergeben werden, aber die Lästerung des Geistes wird nicht vergeben werden. – **3.** Um dieser (Sache) willen sage ich dir, ihre vielen Sünden sind ihr vergeben (worden), denn sie hat viel geliebt; wem aber wenig vergeben wird, liebt wenig. Er sagte aber zu ihr: Deine Sünden sind dir vergeben.

II. **1.** Jesus aber antwortete und sagte zu ihm: Laß (es) jetzt; denn so geziemt es sich für uns, alle Gerechtigkeit zu erfüllen. Da läßt er ihn. – **2.** Und vergib uns unsere Sünden, denn auch wir selbst vergeben jedem, der (an) uns schuldig ist. – **3.** Damit sie nicht sehen mit den Augen und hören mit den Ohren und mit dem Herzen verstehen und sich bekehren, und ich sie heilen werde. – **4.** Darum seid nicht unverständig, sondern versteht, was der Wille des Herrn (ist). – **5.** Denn nicht der, der sich selbst empfiehlt, jener ist erprobt (bewährt), sondern der, den der Herr empfiehlt. – **6.** Sooft jemand das Wort der Königsherrschaft hört und nicht versteht, kommt der Böse und raubt das, was in sein Herz gesät ist.

III. **1.** Denn wenn ihr den Menschen ihre Übertretungen vergebt, wird auch euch euer himmlischer Vater vergeben. – **2.** Habt ihr dies alles verstanden? Sie sagen zu ihm: Ja! – **3.** Laßt die Kinder und hindert sie nicht, zu mir zu kommen; denn solchen ist (gehört) die Königsherrschaft der Himmel. Und er legte ihnen die Hände auf und ging von dort (weg). – **4.** Da verließen ihn alle Jünger und flohen. – **5.** Und der mich gesandt hat, ist mit mir; er hat mich nicht allein gelassen, denn ich tue allezeit das ihm Wohlgefällige (Angenehme). – **6.** Aber ich habe gegen dich, daß du deine erste Liebe verlassen hast. – **7.** Wenn ihr die Sünden irgendwelcher (Leute) vergebt, sind sie ihnen vergeben (worden); wenn ihr (sie) jemandem behaltet, sind (sie) behalten (worden). – **8.** Wenn wir unsere Sünden bekennen, ist er treu und gerecht, daß er uns die Sünden vergibt und uns von jeder Ungerechtigkeit reinigt.

Lektion 68 C

3.S.Ind.Pr.akt. / D.P.m./n.Pz.Pr.akt., N./A.S.n.Pz.F.akt. / 2.S.Imp.Aor.akt., Inf.Pr.akt., 3.S.Ind.F.akt., 2.P.Imp.Aor.akt., 3.S.Ind.Aor.akt., 2.S.Ind.Pr.akt., 1.S.Ind.Aor.akt., 1.S.Ind.Pr.akt., 1.S.Ind.F.akt. / 1.S.Konj.Aor.akt., A.S.m. u. N./A.P.n.Pz.Aor.pass., 3.S.Imp.Aor.akt., G.S.m./n.Pz.Pr.akt., Inf.Aor.akt. / 2.S.Imp.Aor.med.; 1.S.Konj. Aor.med., 3.P.Ind.Pr.mp., 3.S.Ind.Aor.med., A.P.m.Pz.Pr.mp.; Inf.Aor.akt., Inf.Pr.akt., 2.S.Konj.Aor.akt., Inf.Pr.akt., 1.S.Ind.Aor.akt., 3.Pl.Ind.Pr.akt. / D.P.m./n.Pz.Pr.akt., N.S.m.Pz.Aor.akt., 2.P.Ind./Imp.Pr.akt.; 3.P.Konj.Aor.akt., 3.P.Ind.Pr.mp., N./ A.S.n.Pz.F.akt. / 2.S.Imp.Aor.akt.; 3.P.Ind.Pr.mp., N.S.m.Pz.Aor.akt., 2.P.Ind./

Imp.Pr.akt., 3.P.Ind.Aor.akt.; 3.S.Ind.Pr.akt., Inf.Aor.akt., 1.P.Ind.Pr.mp., 1.S.F.akt., 3.P.Ind.Pr.mp., Inf.Aor.med., A.S.f.Pz.Pr.mp., 2.P.Konj.Aor.akt., 3.P.Ind.Impf.mp., Inf.F.med., 3.S.Ind.Pr.mp., D.P.m./n.Pz.Pr.mp., N.S.m.Pz.Pf.akt.

D

I. **1.** Aber die Törichten sagten zu den Klugen: Gebt uns von eurem Öl, denn unsere Lampen verlöschen. – **2.** Auch werfen (füllen) sie neuen Wein nicht in alte Schläuche; andernfalls (wenn aber doch) zerreißen die Schläuche, und der Wein wird ausgeschüttet, und die Schläuche verderben. – **3.** Arbeitet (müht euch) nicht (für) vergängliche Speise (Speise, die vergeht), sondern (für) die Speise, die ins ewige Leben bleibt, die euch der Sohn des Menschen geben wird; denn diesen hat Gott, der Vater, versiegelt. – **4.** Ich geben ihnen ewiges Leben, und sie gehen in Ewigkeit keinesfalls verloren, und niemand wird sie aus meiner Hand rauben. – **5.** Denn das Wort vom Kreuz ist zwar denen, die verlorengehen, Torheit; uns aber, die wir gerettet werden, ist es Kraft Gottes.

II. **1.** Denn soviele ohne Gesetz gesündigt haben, (die) werden auch ohne Gesetz verlorengehen. – **2.** Geht aber vielmehr zu den verlorenen Schafen des Hauses Israel. – **3.** Niemand von ihnen ist verlorengegangen, außer dem Sohn des Verderbens, damit die Schrift erfüllt werde. – **4.** Murrt nicht, so wie einige von ihnen gemurrt haben, und sie kamen um durch den Verderber. – **5.** (Der Herr) ist langmütig mit (gegenüber) euch, da er nicht will, daß einige verlorengehen, sondern alle zur Umkehr gelangen.

III. **1.** Welches Zeichen zeigst du uns, daß du dies tust? – **2.** Denn der Vater liebt den Sohn und zeigt ihm alles, was er selbst tut, und er wird ihm größere Werke als diese zeigen, damit ihr euch (ver)wundert. – **3.** Den Geist löscht (dämpft) nicht aus, Prophetien verachtet nicht. – **4.** Und als ich (dies) hörte und sah, fiel ich nieder, um vor den Füßen des Engels anzubeten, der mir dies zeigte.

IV. **1.** Zeige mir deinen Glauben ohne die Werke, und ich werde dir meinen Glauben aus den Werken zeigen. – **2.** Einer ist der Gesetzgeber und Richter, der retten und verderben kann; du aber, wer bist du, der du den Nächsten richtest? – **3.** Offenbarung Jesu Christi, die Gott ihm gegeben hat, um seinen Knechten zu zeigen, was in Kürze geschehen muß. – **4.** In allem aber nehmt den Schild des Glaubens (auf), durch den ihr alle brennenden (feurigen) Pfeile des Bösen auslöschen könnt. – **5.** Wer sein Leben findet (gefunden hat), wird es verlieren, und wer sein Leben um meintwillen verliert, wird es finden. – **6.** Denn es steht geschrieben: Ich werde die Weisheit der Weisen vernichten und den Verstand der Verständigen zunichte machen. – **7.** Dies aber ist der Wille dessen, der mich gesandt hat, daß ich nichts von dem, das er mir gegeben hat, verliere, sondern (daß) ich es am letzten Tag auferwecke.

Lektion 69 C

3.S.Ind.Pr.mp. (er/sie/es liegt), N.S.m.Pz.Pr.mp. (einer, der sitzt), N./A.P.n.Pz.Pr.mp. ((die) liegenden), 2.S.Imp.Pr.mp. (sitze!), 1.S.Ind.Pr.mp. (ich liege), 3.S.Ind.Pr.mp. (er sitzt), 3.P.Ind.Pr.akt. (sie sagen), N.S.f.Pz.Pr.mp. (eine, die liegt), 3.S.Ind.Impf.mp.

(er/sie/es saß), 1.P.Ind.Pr.mp. (wir liegen), 2.P.Ind.F.med. (ihr werdet sitzen), 3.S.Ind. Pr.mp. (er/sie/es sagt), D.S.m./n.Pz.Pr.mp. (einem Sitzenden), 3.S.Ind.Impf.mp. (er/sie/es lag), 1.S.Ind.Pr.akt. (ich sage), N./A.S.n. / A.S.m.Pz.Pr.mp. (ein Liegendes / einen Liegenden), A.P.m.Pz.Pr.mp. ((die) Sitzenden), A.S.f.Pz.Pr.mp. (eine Liegende), N.P.m.Pz.Pr.mp. ((die) Sitzenden), G.S.m./n.Pz.Pr.mp. (eines Liegenden), 3.S.Ind.Impf.mp. (er/sie/es lag), G.P.m./f./n.Pz.Pr.mp. ((der) Liegenden).

D

I. **1.** Aber schon ist die Axt an die Wurzel der Bäume gelegt. – **2.** Eine Stadt, die auf einem Berge liegt, kann nicht verborgen bleiben (werden). – **3.** Denn ihr selbst wißt, daß wir dazu bestimmt (gesetzt) sind. – **4.** Und Simeon segnete sie und sagte zu Maria, seiner Mutter: Siehe, dieser ist bestimmt (gesetzt) zum Fallen und Aufstehen vieler in Israel und zu einem Zeichen, dem widersprochen wird. – **5.** (Jesus) ist nicht hier; denn er ist auferstanden, gleichwie er gesagt hat; (kommt) hierher, seht den Ort, wo er gelegen hat. – **6.** Denn einen anderen Grundstein (Fundament) kann keiner legen neben den (über den … hinaus), der gelegt ist, welcher ist Jesus Christus.

II. **1.** Das Volk, das in der Finsternis sitzt, hat ein großes Licht gesehen, und denen, die im Lande und Schatten des Todes sitzen, ihnen ist ein Licht aufgegangen. – **2.** Wenn ihr nun mit Christus auferstanden (auferweckt worden) seid, so sucht das, was oben ist, wo Christus zur Rechten Gottes sitzt. – **3.** Wenn ihr aber auf den blickt, der das schöne (leuchtende) Kleid trägt, und sagt: Setze (du) dich schön (bequem) hierher!, und dem Armen sagt ihr: Stelle (du) dich dorthin, oder setze dich unten an meinen Fußschemel!, habt ihr (dann) bei euch nicht einen Unterschied gemacht? – **4.** Und als er von dort hinübergegangen war, kam Jesus zum See (Meer) Galiläas, und nachdem er auf den Berg gestiegen war, setzte er sich dort.

III. **1.** Dies aber sage ich, Brüder, daß Fleisch und Blut das Reich Gottes nicht erben können; auch erbt die Vergänglichkeit nicht die Unvergänglichkeit. – **2.** Und (handeln wir) etwa so, wie wir verlästert werden und wie einige behaupten, daß wir sagen: Laßt uns das Böse tun, damit das Gute komme? – **3.** Der Hauptmann antwortete aber (und) sagte: Herr, ich bin nicht wert (würdig), daß du unter mein Dach (hinein)kommst; sondern sprich nur (mit) ein(em) Wort, und mein Knecht (Knabe) wird geheilt werden.

Lektion 70 C

3.S.Ind.Pf.II.akt., N.S.m.Pz.Pr.akt., 3.P.Ind.Pf.II.akt., 2.P.Konj.Pr.akt. / 2.P.Ind.Impf. akt., 2.P.Ind.Pf.II.akt, 2.S.Ind.Pr.akt., N.S.m.Pz.Pf.II.akt., 1.S.Konj.Pr.akt., A.S.m. u. N./A.P.n.Pz.Pf.II.akt., 2.S.Ind.F.med., 1.S.Konj.Pf.II.akt., 2.P.Konj.Pf.II.akt., 2.P. Imp.Pr.akt., 3.S.Ind.Impf.akt., 1.P.Ind.Pf.II.akt., N.S.f.Pz.Pr.akt., D.P.m./n.Pz.Pf. II.akt., Inf.F.med., N.P.m.Pz.Pf.II.akt., 3.P.Ind.Pr.akt., 2.P.Imp.Pf.II.akt., 3.S.Ind.Pr. akt., 3.S.Ind.Pq.II.akt., 2.S.Ind.Pr.akt., D.S.m./n.Pz.Pf.II.akt., Inf.Pr.akt., 1.P.Ind.Pr. akt., 3.P.Konj.Pr.akt., A.P.m.Pz.Pf.II.akt., N./A.S.n.Pz.Pr.akt., 3.P.Ind.Pq.II.akt., G.S.m./n.Pz.Pr.akt., 2.P.Ind.F.med., D.S.f.Pz.Pr.akt., 2.S.Ind.Pf.II.akt., D.P.m./n.Pz.Pr.akt., 2.P.Ind.Pq.II.akt., 3.P.Ind.Impf.akt., 1.S.Ind.Pq.II.akt., 1.P.Ind.Impf.akt., 1.S.Ind.Pf.II.akt.

D

I. **1.** Denn Gott, euer Vater, weiß, was ihr braucht (welchen Bedarf ihr habt), bevor ihr ihn bittet. – **2.** Damit ihr aber wißt, daß der Sohn des Menschen Vollmacht hat, auf Erden Sünden zu vergeben … – **3.** Dann sagt er zu dem Gelähmten: Steh auf, nimm dein Bett und geh in dein Haus. – **4.** Denn ich habe nicht geurteilt (gemeint), etwas zu wissen unter euch außer Jesus Christus, und diesen als Gekreuzigten. – **5.** Daher ist es dem, der weiß, Gutes zu tun, und es nicht tut, Sünde. – **6.** Wir glauben, deshalb reden wir auch, da wir wissen, daß der, der den Herrn Jesus auferweckt hat, auch uns mit Jesus auferwecken und mit euch darstellen wird. – **7.** Auch ich kannte ihn nicht, sondern der, der mich gesandt hat, mit Wassser zu taufen, jener sagte mir: Auf wen (auch immer) du den Geist herabkommen und auf ihm bleiben siehst, dieser ist es, der mit Heiligem Geist tauft.

II. **1.** Und es wird nicht mehr Nacht sein, und sie brauchen kein Licht einer Lampe und (kein) Licht der Sonne, denn Gott, der Herr, wird über ihnen leuchten. – **2.** Und so werden wir immer bei (mit) dem Herrn sein. – **3.** Und es kam zu ihm eine Magd und sagte: Auch du warst mit Jesus, dem Galiläer. – **4.** Nicht allein für diese aber bitte ich, sondern auch für die, die durch ihr Wort an mich glauben, damit alle eins sind. – **5.** Als ich ein Kind (Unmündiger) war, redete ich wie ein Kind. – **6.** Wenn nun ihr, die ihr böse seid, wißt, euren Kindern gute Gaben zu geben, wieviel mehr wird euer Vater, der in den Himmeln ist, denen Gutes geben, die ihn bitten. – **7.** Und jener sagte: Geht auch ihr in den Weinberg, und was (irgend) recht ist, werde ich euch geben. – **8.** Es soll aber euer Wort „Ja" Ja sein (und) „Nein" Nein; was darüber hinausgeht, ist aus dem Bösen. – **9.** Seine Jünger fragten ihn, was dieses Gleichnis sei bedeute. – **10.** Er aber sprach zu ihr: Tochter, dein Glaube hat dich gerettet (dir geholfen); geh in (den) Frieden, und sei geheilt von deiner Plage.

III. **1.** Ein solcher soll dies bedenken: Wie wir mit dem Wort durch Briefe (sind), indem wir abwesend (sind), so sind wir auch mit dem Werk, wenn wir anwesend sind. – **2.** Darum schreibe ich euch dies, während ich abwesend bin, damit ich, wenn ich anwesend bin, nicht Strenge brauchen muß nach der Vollmacht, die der Herr mir gegeben hat zur Auferbauung und nicht zum Abbruch (zur Zerstörung). – **3.** Nachdem Petrus zu den Männern hinuntergegangen war, sagte er: Ich bin (es), den ihr sucht. Welches (ist) der Grund, weswegen ihr anwesend (da) seid? – **4.** Folglich sind wir jetzt alle vor Gott anwesend, um alles zu hören, was dir durch den Herrn befohlen (worden) ist.

IV. **1.** Dies geschah in Bethanien, jenseits des Jordans, wo Johannes taufte. – **2.** Diese Weisheit ist nicht (eine), die von oben kommt, son dern irdisch, seelisch, dämonisch. – **3.** Und es geschah, als er betend für sich allein war (als er für sich allein war und betete), waren die Jünger bei ihm, und er fragte sie und sagte: Was sagt die Volksmenge, daß ich sei (wer ich bin)? – **4.** Und ihr werdet von allen gehaßt werden um meines Namens willen. – **5.** Unsere Väter haben Manna gegessen in der Wüste, wie geschrieben (worden) ist: Brot aus dem Himmel habe ich ihnen zu essen gegeben.

Lektion 71 D

I. **1.** Und es geschah, als Jesus diese Worte vollendet hatte, geriet die Volksmenge über seine Lehre in Erstaunen. – **2.** Dann, nachdem der Prokonsul gesehen hatte, was geschehen war, glaubte er, erstaunt über die Lehre des Herrn. – **3.** Anderes fiel auf gutes Land und gab Frucht, indem es aufging und wuchs, und es trug bis zu dreißig(fältig) und sechzig(fältig) und hundert(fältig). – **4.** Und das Wort Gottes wuchs, und die Zahl der Jünger in Jerusalem vermehrte sich sehr. – **5.** Deswegen ertrage ich alles um der Auserwählten willen, damit auch sie die Rettung erlangen, die mit ewiger Herrlichkeit in Christus Jesus (ist). – **6.** Da ich nun Hilfe, die von Gott kommt, erhalten habe, stehe ich bis zu diesem Tag, indem ich im Kleinen wie im Großen (od. vor Kleinen und Großen, vor Geringen und Hochstehenden) Zeugnis gebe.

II. **1.** Versuche ich jetzt, Menschen zu überzeugen oder Gott? Oder suche ich, Menschen zu gefallen? – **2.** Die aber im Fleisch sind, können Gott nicht gefallen. – **3.** Und nachdem er in seine Vaterstadt gekommen war, lehrte er sie in ihrer Synagoge, so daß sie in Erstaunen gerieten und sagten: Woher (ist/kommen) diesem diese Weisheit und die Kräfte? – **4.** Einer seiner Jünger sagte zu ihm: Herr, lehre uns beten, wie auch Johannes seine Jünger gelehrt hat. – **5.** Und Petrus erinnerte sich an das Wort Jesu, der gesagt hatte: Ehe der Hahn gekräht hat, wirst du mich dreimal verleugnen. – **6.** Abraham aber sagte: Kind, erinnere dich (gedenke daran), daß du dein Gutes in deinem Leben empfangen hast und Lazarus so (gleichfalls) das Schlechte. – **7.** Ich lobe euch aber, weil ihr in jeder Beziehung an mich gedacht habt und gleichfalls die Überlieferungen festhaltet, die ich euch weitergegeben (überliefert) habe.

Lektion 72 D

I. **1.** Auch erkennt niemand den Vater als nur der Sohn, und wem (es), wenn er will, der Sohn offenbart. – **2.** Aber dies alles wirkt ein und derselbe Geist, indem er jedem für sich austeilt, so wie er will. – **3.** Wer aber geheiratet hat, sorgt sich um die (Belange) der Welt, wie er der (seiner) Frau gefalle, und er ist geteilt. – **4.** Deshalb sage uns: Was meinst du? Ist es erlaubt, Steuer dem Kaiser zu geben oder nicht? – **5.** Wer von diesen dreien scheint dir Nächster dessen gewesen zu sein, der unter die Räuber gefallen ist? Der sagte aber: Der die Barmherzigkeit an ihm getan hat. – **6.** Daher, wer zu stehen meint, soll zusehen, daß er nicht fällt. – **7.** Wenn jemand anderes meint, sich auf Fleisch zu verlassen (zu vertrauen), ich (noch) vielmehr.

II. **1.** Ein guter Baum kann nicht schlechte Früchte bringen, und ein fauler Baum kann nicht gute Früchte bringen. – **2.** Jesus sagt zu ihm: Sieh (zu), sage es niemand, sondern geh (hin), zeig dich (selbst) dem Priester und bringe die Gabe dar, die Mose geboten hat, ihnen zum Zeugnis. – **3.** Und er kam nach Nazareth, wo er aufgewachsen (ernährt worden) war. – **4.** Dann werden ihm die Gerechten antworten und sagen: Herr, wann haben wir dich hungern gesehen, und wir haben dich gespeist (wir gaben zu essen), oder dürsten, und haben dir zu trinken gegeben? – **5.** Wißt ihr nicht, daß die(jenigen), die in der Rennbahn laufen, zwar alle laufen, aber (nur) einer den Kampfpreis empfängt? Lauft so, damit ihr (ihn) empfangt. – **6.** Ihr leuchtet wie Sterne in der Welt, indem ihr das Wort des Lebens festhaltet, mir zum Ruhm (bis) auf den Tag Christi, daß ich nicht ins Leere (vergeblich) gelaufen bin noch mich umsonst (ins Leere) gemüht habe.

Inhaltsverzeichnis